SHODENSHA
SHINSHO

# 社会人なら知っておきたい金融リテラシー

西村隆男

# まえがき——金融能力と金融的思考を身につける

お金とどう付き合ったらいいのか。この、お金に関する知恵やスキルを金融リテラシーと呼びます。「literacy（リテラシー）」とは、「読み書き」の知識を指しますが、「knowledge（知識）」という言葉と若干ニュアンスが異なるようです。最近は、メディアリテラシーなど、カタカナ言葉として定着したような印象ですが、「リテラシー」は生きていくうえで必要な、最低限身につけるべき能力という意味です。

欧米には金融能力という言葉があります。ファイナンシャル・アビリティ（financial ability）とかファイナンシャル・ケイパビリティ（financial capability）などと呼ばれます。最近はどちらかというと、“capability”のほうがよく使われます。“financial capability”といえば、もともとその個人が潜在的に持っている金融に関する経験的な能力や理解力を指すと考えられます。つまり、いま持ち備えたものをさらに上手に引き出して、これまでの力を活かしながらさらに磨き上げていくといった意味でしょう。

具体的には、中長期の資金管理法（マネーマネジメント）や、いざというときのためのリスクマネジメントを学ぶことで、自身の資金を活かした満足のいく使い方ができるようになっていきます。

金融に関する意思決定は、意外にも日常のさまざまな場面で直面します。ずっと欲しいと思っていた商品をクレジットカードで買うのか、現金で買うのか、あるいは店に足を運ばずに、ネットで購入して代引きで買うのか。

店頭で現金で購入する場合には、手数料もかかりません。ただ、これも考え方で、もし、店まで行く交通費がかかるとすれば、トータルコストを考える必要もあるでしょう。帰宅後、就寝前にネットで注文すれば、数クリックで瞬時に欲しいものが手に入ります。店に足を運ぶ時間を別のことに有効に使うこともできます。

手元にある10万円をいま使ってしまうのと、1年後まで待つのとどちらを選ぶでしょうか。普通ならいますぐ使うのがいいと言うでしょうが、1年間預金をしておけばわずかでも利子がつきます。株式や投資信託で運用することも可能です。

新車をようやく手に入れましたが、購入にかなり使ってしまったので、保険料を節約したいと思い、一番安い保険を選んで加入するとします。車両保険は高いのでもちろんつけず、弁護士費用などの特約も付帯しませんでした。ところが、突然の事故に遭遇し、相手方も自らの正当性ばかり主張して話になりません。こんなとき、弁護士に依頼できたらと思っても、費用がいくらかかるかわかりませんね。そんなとき、割高だと思っても、車両保険にも加入し、弁護士特約も付けておけばよかったと思うかもしれません。

このように金融リテラシーとは、狭い意味での「お金」の話に限らないのです。

本書を執筆するきっかけは、筆者が勤務する横浜国立大学で、3年間にわたり学生に「金融リテラシー入門」という科目名でワークを中心とした講義をしてきた経験によるものです。シラバスには、最低限身につけてほしい金融の知識を学ぶと表現しました。

米国ではこうした実践型の講義（アクティブ・ラーニング）が大学でふつうに見られますが、日本での例は少なく、学部開放型の教養教育として文系、理系いずれの学生も受け入れて実施してきたものです。

本書を通じて、金融に関する意思決定に必要なことを学び、より豊かに生きる知恵を身につけていただければ幸いです。

目次

まえがき——金融能力と金融的思考を身につける　3

**第1講　金融リテラシーを知る**

金融リテラシーってなに？　13
金融リテラシーで身につけてほしい考え方（その1　時間価値）　18
金融リテラシーで身につけてほしい考え方（その2　機会費用）　27
金融知識を通じて社会を考えよう　29

**第2講　ライフプランを立てる**

「ライフプラン」とは何か　37
給与明細の読み方を知る　38
源泉徴収の仕組みと確定申告　45
自分のキャッシュフローをつかむ　51
フローとストック　58

家計のバランスシートを作ってみる　61
人的資産の形成　65

## 第3講　お金を殖やす

資産形成に必要な考え方――リスクとリターン　71
金融商品選択の基礎　74
資産形成の「三分法」　77
まずは貯蓄から始める　78
確実に貯める方法　82
各金融商品の紹介と特長　84
実際に、株式を買う　100
保有する金融商品が生む所得への課税　105
投資の基本1　投資対象の分散と時間分散　107
投資の基本2　長期投資　109
将来の不確実性を売買する（デリバティブ取引）　113

## 第4講　お金を借りる

信用について　117
クレジットカード決済の注意点　119
手数料とは　120
「リボ払い」は安全？　123
信用情報と信用履歴　124
奨学金も借金である　130
信用と担保　136

## 第5講　「大きな買い物」をする

自動車を買う　143
情報の非対称性について　148
車所有のランニングコスト　149
カーシェアという選択　154
住宅の購入――賃貸か持ち家か　156
住宅ローンを考える　159

## 第6講　リスクに向き合う

リスクとはなにか　173
リスク移転としての保険　174
保険料の仕組み　181
保険会社をどう選ぶか　186
実は年金も保険の一種　191

## 第7講　買い物やお金のことで困ったら

◇買い物で困ったら
商品にトラブルがあった際のクレジット代金　199
ネットショッピングでのトラブル回避　201
エステの分割払い（特定継続的役務提供と中途解約）　206
コンプレインレターを出す　210
◇お金のことで困ったら
投資勧誘詐欺　213
マルチ商法　214

サラ金、ヤミ金　215
セーフティネットを知っておく　220

## 第8講　第二の人生に備える

定年退職したらどうするか　225
「じぶん年金」の作り方　228
年金はいくらもらえるのか　230
老後の住まいを考える　234
親の介護にかかる費用　237
豊かなセカンドライフために知っておきたい「リバースモーゲージ」　242
高齢者は狙われている　244
おわりに——人生を考える道具　247

第1講

# 金融リテラシーを知る

教授「社会人として働いてみて、どうだい？」
啓「毎日覚えることが多くて大変ですけど、この間、初任給をもらったんです」
教授「初めてのお給料は特別だろう。ところで、きみが一生で稼げるお金はどれくらいだと思う？」
啓「私がですか？　考えたこともありませんが、2億円くらいでしょうか」
教授「いいところだね、もちろん企業の規模にもよるけれど、現在の価格水準で考えると大卒者の平均で2億5000万円前後くらい。これを生涯賃金と呼ぶんだ」
啓「けっこう稼ぎますね。もちろん年金とかは別ですよね」
教授「もちろん。では、生涯にかかる費用、つまり必要となる支出額はわかるかな」
啓「えーっ、それ難しいなあ……」
教授「生まれてから死ぬまでの費用は、並な暮らしでおよそ2億円余りと言われてるんだ」
啓「それじゃあプラスマイナスゼロじゃないですか。稼いでも稼いでも、全部使い果たしてしまうということですか？」
教授「たしかにそう見えるけれど、お金は節約したり、殖やしたり、無駄な支出を減らしたりすることができるね。言ってみれば、お金との付き合い方、お金の知恵とでもいうものがとても重要なんだ。だから、社会人としては、金融リテラシーをしっかり勉強する必要があるんだ。覚悟はいいかい？」

啓「ええ、少しは余裕のある生活をしたいですからね！」

教授「では、始めていくとしよう。最初に質問をしよう。きみが、おじいさんから少し小遣い（こづかい）をやろうと思うが毎月1万円ずつやるか、1年経ってから15万円やるのとどっちがいいか、と尋ねられたとしよう。さあ、きみはどちらを選択するかな？」

## 金融リテラシーってなに？

本書では、みなさんを金融リテラシーという、いわば人生の「ワザ」を知る世界にいざないます。社会人1年生の啓くんが、働きはじめて給与をもらうようになりました。学生のバイト時代よりも大きな額ですし、税金や保険、年金など会社から説明を受けましたが、よくわかりません。貯金しろとは言われますが、果たしてどうすればよいのか……。

誰に相談していいかわからず、少し前までゼミで世話になっていた指導教授を訪ね、あらためて教えを乞（こ）うことにしました。読者の皆さんも一緒に勉強していきましょう。

生きていくために必要なものはといえば、誰もがお金と答えるでしょう。「愛があれば何もいらない」という人もいるかもしれませんが、毎日の食事や衣服、そして住まい、出かけるための交通費など、お金なしで暮らしていくことはできません。

少子高齢化社会で平均寿命がどんどん延びて、2015年現在、男性の平均寿命は80・5歳、女性は86・8歳です。さて、80年以上生きるのに必要な資金はいったいどれくらいでしょう。

総務省家計調査による平均生活費は1世帯で、月額約26万円（年間312万円）とされています。いまあなたがこれから60年生きると仮定すれば、単純計算ですが約2億円が必要ということになります。もし、これに住宅の購入などが加わると、当然にもっと多額が必要になるでしょう。

宝くじ、競輪、競馬などをあてにしてみても、たとえばジャンボ宝くじで2億円が当たる確率は、1000万分の1とされています。東京都在住の人が、全員買っても当たるのは一人というわけです。

金融リテラシーというのは、よりよく生きるための生活の知恵であり、とくにお金の使い方、活かし方を知って、人生の楽しみを大きく育てようとするものです。

いつからかニュース番組の最後には、まるで天気予報と同じように、「為替と株です。現在の円相場は1ドル112円52銭、東京証券取引所、日経平均が1万6570円と、昨日より210円値上がりしています」などと放送しています。

私は株なんか持ってないから関係ない。そう考える人もいるかもしれませんが、けっしてそうではありません。

みなさんはリーマンショックとかサブプライムローンといった言葉を聞いたことがあるでしょう。株価大暴落、世界的金融不安の先駆けとなり、世界経済を揺るがすほどの大事件でした。

リーマン・ブラザーズというのはアメリカの大手投資銀行でしたが、銀行から買取り保有していた低所得者向けの住宅ローン（サブプライムローン）の担保証券が大量に売り出されました。アメリカンドリームにのって自分の家を持つという心理をくすぐられた層は、折しも住宅バブルの真っただ中でしたから、多額の資金を借り入れても、いずれ家を高く売却できると思い込まされて、次々にこれを利用しました。

やがて予想とは裏腹に、不動産価格の上昇は止まり、不景気となって、返済に窮した人々は家を手放し、証券化された住宅ローンを抱え込んだリーマン・ブラザーズは結局破綻してしまいました。このことがきっかけとなって、アメリカ経済は長い不況に陥り、世界経済にも大きな影響を与えました。

サブプライムローン問題は、住宅ローンなどに十分な知識を持たない人々が巧妙な販売戦略にあやつられて、高額物件を購入してしまった悲劇でした。金融についての多少の理解があったのなら、避けられたことなのかもしれないと思います。

その後、先進国財務大臣会合やG20財務大臣・中央銀行総裁会議、OECD（経済協力開発機構）などでも、この問題は大きく取り上げられ、人々の金融に関する知識力を向上させることは不可欠であるという判断から、金融リテラシー教育を各国が推進しようとする動きが活発化しました。今の社会を生きるのに金融リテラシーが必要だと、参加者の意見は一致したのです。

OECDは、長年子どもの学力の国際比較として実施してきたPISA（国際学習到達度調査）に、2009年よりファイナンシャルリテラシーに関するオプションテストを用意しており、第1回には18カ国の子どもたち（対象は15歳）が参加しました。

お金の学習は、小さい頃から始めるのがよいと、一般に言われることがあります。だれもが子どもの頃、親からお小遣いをもらったり、正月になると両親ばかりでなく、おじいちゃん、おばあちゃんからもお年玉をもらった経験があるでしょう。

そのとき、みなさんはどうしましたか？　親から大切に使いなさいとか、銀行に預けておきましょうとか、なかにはお小遣い帳をつけるようにと指示されたことと思います。自分でお金を管理する経験、これはとても大切なことです。

イギリス金融サービス庁（ＦＳＡ）やＯＥＣＤなどでは、金融リテラシーについて、次の５つの柱を身につけるべき学習内容を学習目標として立てています。

①日々のお金の管理（Day-to-day Money management）➡計画的にお金を使ったり貯めたりすることができるようになる

②計画的な資金管理（Planning Ahead）➡ライフプランニング（生活設計）を行ない、中長期の必要な資金計画（ファイナンシャルプランニング）を立てることができるようになる

③金融に関する基礎知識（Financial Knowledge and Understanding）➡基本的な金融知識を理解することにより、意思決定ができるようになる

④貯蓄や投資に関わる金融商品の選択（Choosing and Managing Financial Products）➡金融

に関する合理的な意思決定ができるようになる
⑤金融における社会的責任（Financial Responsibility）➡持続可能な社会に向けた責任ある金融上の意思決定ができるようになる

金融リテラシーは、あなたの人生にとっても社会にとっても最強のツールとなるものです。以下の章で具体的な話に入る前に、金融リテラシーを身につけるうえで前提となる二つの考え方を紹介しておきましょう。

**金融リテラシーで身につけてほしい考え方（その1「時間価値」）**

ほとんどの人は、銀行にお金を預けているでしょう。銀行は、みなさんの預金を安全に預かってくれたうえに、多い金額ではありませんが、利子を付けてくれます。なぜでしょうか。

銀行などの金融機関は、預かったお金を利用して企業や個人に貸付けを行ない、その利用料として一定の利息をとります。その両者の利子（利息）の差額が銀行の利益となっています。ということは、私たちが金融機関に預けたお金は、別の表現をするならば、金融機関に資金を貸し付けているということです。私たちは、金融機関の立派な債権者の一人なのです。

さて、利子ですが、ふつう0・01％などと年利（1年間の利子率）で表わされます。預けた資金や、借り入れた資金に対する比率です。10万円を預けて、年利0・01％だとすると、利子は10円になります。現在は驚くべき超低金利ですから、ほんのわずかです。しかも、実際には利子課税（20％の所得税＋所得税額×2・1％の復興特別所得税）があるので、もっと少なくなります。

利息と言っても利子と言ってもいいですが、ではいったいいつ頃から利息をとる、利子を付けるといった経済行為が行なわれるようになったのでしょうか。

利子の起源は古代メソポタミアにあったという説が有力で、どうやらハンムラビ法典にその記述があったとされます。しかし、旧約聖書では利息をとることを禁じていました。中世のヨーロッパにおいても、カソリック教会によって利息を伴う金銭の貸借は原則禁止されていました。

一般に、利息を取ることは道義に反するとして、宗教的には忌み嫌われていた長い歴史があったと言えます。しかし、貨幣経済の広がりとともに、実際には利息を取ることが次第に一般化して、宗教改革を経て、利息の取得が認められるようになりました。

一般に、景気がよくなると金利は上昇し、景気が悪くなると低下すると言われます。不景気のときは、モノを作ってもあまり売れませんから、企業は設備投資しようという意欲は湧きません。

金融機関は資金の借り手を欲しいので、資金の利用料である金利をできる限り低く抑えて資金需要を喚起しようとします。反対に、景気が過熱してくれば、資金需要は著(いちじる)しく高まるので、動きを抑えようと金利は高くなる傾向にあると言えます。

利息の計算には、**単利**と**複利**があります。**単利**とは、利息を生む元になるお金（元金(がんきん)と言います）に対し、一定の利率を掛ける計算方式です。

たとえば、元金100万円を年利2％で1年預けると、利息は100万円×0・02＝2万円となり、受取金額は102万円になります。計算式は、100万円×（1＋0・02）＝102万円と示すことができます。もし、そのまま預けると、2年後3年後も同様で、3年間預けると、毎年2万円の利息ですから、3年後には106万円になります。

一方、**複利**とは、元金に一定の利息が付いた金額全体（元利(がんり)合計と言います）に、再び利率を掛けていく計算方式です。

たとえば、先の例で同様に、2％の複利で預けるとしましょう。1年後は、利息は単利と変わらず102万円ですが、2年後に少し違いが出てきます。2年後の元利合計は、102万円×（1＋0・02）＝104万400円となります。3年後には、103万400円×（1＋0・02）×（1＋0・02）＝106万1208円となって、単利運用より3年で1208円得をします（ここでは税は含んでいません）。

つまり、預け入れについていえば、複利は単利に比べて、期間が長くなるほど運用の効果が大きくなる計算方式なのです。反対に、借入れの場合にも、一般に複利計算が適用されています。ですから、カードローンも住宅ローンも借入期間が長くなればなるほど、利息負担が大きく膨らんでいくことになります。

詳細はそれぞれの章に委ねますが、100万円を年利14・5％のカードローンで借り入れ、5年で返済（毎月返済、ボーナス時返済なし、元利均等方式）する場合、毎月返済額は2万3268円、返済総額は139万6080円となり、利息分だけでは39万6080円となります。

もし、これを10年返済とすれば、毎月返済額は1万5526円、返済総額は186万3120円、利息分は86万3120円と、5年返済に比べ利息は2・18倍となり、複利によるローン返済の利息負担が長期になるほど過重になることがわかるでしょう。

## 将来価値と現在価値

最初に知ってほしいのは、時間が価値を生むという考え方です。現金を手元に持っているだけでは価値は変わりませんが、金融機関に資金を預けたり、証券などに投資をすれば、時間の経過とともに新たな付加価値を生みます。

たとえば、今すぐに99万円をもらうか、2年後に100万円をもらうか、どちらかを選びなさいと持ちかけられたら、あなたはどちらを選択しますか？

ある人は先のことはわからないから、確実にもらえる99万円を今ゲットするという選択をするかもしれません。でも、ある人は今すぐお金を必要としないので、将来の100万円を選ぶかもしれません。

こうした問題を考えるときに有効なのが、**現在価値**と**将来価値**という考え方です。

現在の99万円（現在価値）は、銀行に預ければ一定の利子がつきます。ここで話を簡単にするために利子を2％とすると、1年後には100万9800円になります。これが将来価値です。現在価値とは今の時点の金銭的価値、将来価値とは数年後といった将来のある時点での金銭的価値を指します。

「時は金なり」と言いますが、まさに労働をするわけでもないのに、時間が新しい価値を生むというわけです。投資の本などでは、よく「お金に働いてもらう」という言い方をしますが、このことを指します。この時間価値という概念は、ライフプランニングを考えるうえで、とても大切な考え方です。

将来のライフイベントに備えてどれだけの資金準備をする必要があるのか、退職金のようなまとまった資金を手にしたときに、将来の何年間をかけて上手に活用していくのが賢明かなどを考えられるようになります。

ここで、現在の１００万円が2年後にいくらになるか、現在の金利水準で考えてみましょう。反対に、2年後の１００万円は現在価値で見たときいくらに相当するかを考えます。

一般に、現在のある金額を一定の金利で何年間か運用したら（預金などをしたら）将来手に入れられる金額を表わす式は次のようになります。ここでは複利で考えます。

$FV=PV(1+r)^n$

FV：将来価値
PV：現在価値
r：金利
n：年数

現在価値を中心に考えると、

$$PV=\frac{FV}{(1+r)^n}$$

さて、現在の金利水準は前述のようにきわめて超低金利で、２年物の定期預金では、多くの金融機関で０・０１％程度となっています。１００万円を定期預金に預けるとして、

$100\times(1+0.01/100)^2=1,000,200$円

となります。

つまり、現在の金利水準で言うと、現在の１００万円は2年後の将来価値１００万２００円ということになります。

一方で、２年後の１００万円は現在のいくらに当たるかですが、

$PV=FV/(1+0.01/100)^2$ から $PV=999,800$円となります。

つまり、２年後の１００万円の現在価値は99万９８００円ということですので、今すぐ

の99万円よりもお得と言えますね。

それでは、90万円を今すぐ受け取って、２年後に１００万円にしたい場合は、どのくらいの利子率が必要になるでしょうか。

計算式は次のようになります。

$$100 < 90\ (1+r)^2$$

となるようなｒ（金利）の水準があれば、90万を早く受け取って２年間運用したほうがお得ですね。計算をしてみましょう。

両辺に√をかけてｒを求めます。その結果は、ｒは０・０５４つまり、年利５・４％以上の運用商品が見つかれば、先に受け取るほうが得となります。

現在、リスクが小さくてこんなに高い金利の商品は存在しません。そういう意味では、あまり現実的なプランとは言えません。

## 72ルール

さて、現在価値と将来価値の考え方がわかっても、複利の計算は面倒くさいものです。

特に、将来価値から現在価値に割り戻すのは√の計算になってしまうので、とても暗算などではできません。

そうした計算をするのに便利な**72ルール**という法則があります。ある金額を2倍にさせるために必要な期間と、年利を考えるのに大変便利な法則で、次のようなものです。

72ルール
72÷期間（年数）≒元金が2倍になる金利
72÷金利（年利）≒元金が2倍になる期間

たとえば、手元に貯めた100万円を2倍にしたいと思い、10年で実現しようとしたら、72÷10＝7・2（％）と計算して、7・2％の金利の金融商品で運用すれば実現できるというわけです。

もっとも、今そんなに金利の高い商品は見当たりませんね。現実的な路線で、3％で運用可能な商品があったとします。その場合はどうでしょう。そこで、72÷3＝24（年）と計算ができます。つまり、3％の金利商品で複利運用すれば、24年で資産が2倍になるということです。

アメリカなどのパーソナルファイナンスの教科書や、ハイスクールのテキストなどでもこのルールは紹介されています。複利計算は指数を伴う少しばかり面倒な計算になります。それを簡便にしたもので、目安と考えてください。ただ、低金利の場合は「70ルール」として計算するのが妥当とも言われます。例えば年利２％の時、72ルールでは36年ですが、70ルールを適用すると35年ですね。実計算値は、35年で元金は１・９９９倍になります（36年では２・０３９９倍です）。

## 金融リテラシーで身につけてほしい考え方（その２「機会費用」）

もう一つ知っておいてほしい考え方は、**機会費用**という概念です。

機会費用とは、ある行動を選択したときに、他の選択をとっていたら得られたであろう利益のことを指します。

たとえば、昨今は理系では大学院進学者が増えていますが、大学院への進学を選ぶか、就職するかは学生の悩むところです。とくに、学費の工面に苦労する場合はなおさらです。

お金の面を考えると、大学院修士課程で２年間学ぶと、学部を卒業してすぐに就職して得られたはずの2年分の賃金を得られないことになります。

この賃金2年分が、機会費用に当たります。仮に、卒業してすぐに就職して得られる学部卒業者の平均年収が250万円とすると、2年分の収入約500万円の機会費用を失うということです。

しかし、修士を出ることにより、仮に入社時から学部卒業者より2万円多い給与がもらえ、それが10年間続いて、やがて昇進も早くなる可能性も高いとします。すると、賞与が4カ月だとして、30年勤務でも960万円＋αの生涯給与アップの可能性があります。

つまり、逆から見れば、修士課程に進む能力があるのにそれを選択しないことは、約1000万円の機会費用を失うということです。

そう考えると、大学院の通学に必要な費用である、2年間で200万円を投じても、十分お釣りのくる計算になると考えられます。進学するか就職するかの選択においては、金額として見える費用だけでなく、この二つの機会費用を含めて、どちらを選ぶべきかを比較しなければなりません。

機会費用の考え方は、ある選択を迫られたとき、その最終の意思決定をするために、実は普段何気なく私たちは考えてみているものです。一例を紹介しましょう。

今、あなたはある場所に行かなければなりません。さあ、タクシーで行って時間を節約するか、タクシー代を節約して歩いて目的地に向かうか、どちらを選びますか？　前者の選択ではその節約できた時間で買い物や読書など他の行動を可能にします。後者の選択では多少の貯蓄を可能にしますが、買い物や読書の時間を諦めなければなりません。

人間は二つの行動を同時にはできません。選択においても限られた資金の中で、Aという選択をするという行為は、必然的にBという選択を諦めることです。これを**トレードオフ**（「二律背反」と訳されることもあります）とも呼びます。

結局私たちの生活はトレードオフの連続です。自動車や住宅のような大きな買い物をするときなど、しっかり情報を収集し、あとで後悔をすることのないよう、できる限り納得のできる選択をしたいものです。

## 金融知識を通じて社会を考えよう

たとえば新聞なら毎朝「○●新聞」を読むとか、居酒屋なら「○○屋」、ビールは「▽▽ビール」など、いつも決まった選択をしているものがいろいろあるものです。それは、この店なら間違いない、このメーカーのものは安心だとか、自分の経験に基づいて評価していることになります。

その場合、見方を広げてみれば、「○●新聞社」や「○○屋」に一票を投じていると言うことができるでしょう。その企業、その店、その商品を支持して応援しているというわけです。

購入するという意思表示は、市場での**経済的投票**を行なっているという意識を持つ、これはとても大切なことなのです。

金融商品の世界でも、エコファンドという環境に配慮した企業の投資信託商品は、ずいぶん以前からあり、比較的女性に人気でした。地球環境に配慮した経営が行なわれている企業を対象としたものです。

国内では1999年に発売された日興エコファンドが最初とされ、社会的に意識の高い人々や、女性の購入者の比率が高いと言われています。同じ投資でも、せっかくの資金運用に、ただ利益性だけでなく、社会に役立ちたいとの思いを反映させたいと願うこともごく自然なことです。

東日本大震災は未曾有の大災害でした。店舗や工場が丸ごと津波に流されて、商売の見通しが立たなくなってしまった多くの企業がありました。そのとき、特定の企業や商店の再興に向けたファンドの募集があちこちで始まりました。被災地支援ファンドと呼ばれ、簡単にできる支援として全国各地からファンドの申し込みが相次ぎました。

ミュージックセキュリティーズという会社が被災地支援ファンドの販売をすると、購入希望者が殺到する人気でした。筆者自身も、ある水産加工店の支援ファンドを購入しました。

資金が集まって復興に向けて活動が本格化していく様子や、ついに店が再興して、商売も軌道に乗り出していくさまを、ときおりの報告や写真をネットで伝えてくれたり、製造した産品を送ってくださったり、顔の見える関係が心地よい支援と今も思います。金融を通じて**持続可能な社会**の発展を考えるよい機会になりました。

最近では**ふるさと納税**が人気を集めています。居住地ではないけれど、縁のある土地、応援したくなるような自治体に1万円程度の寄付をします。そうすると、やがて地元の特産品などが送られてくるばかりでなく、確定申告で**寄付金控除**（多くの場合、寄付金額マイナス2000円）も受けられるところが人気なのでしょう。

各自治体も工夫を凝らしています。全国カタログまであってある種の通信販売のようでもありますが、リターンもある新しい支援の形と言ってもよいでしょう。さらに自治体によっては、返礼の特産品などではなく、障害者用の車イスの移動を容易にするための補助具に支出する寄贈権とするなど、使途を社会貢献的なものと限定し募集するケースも徐々に増えてきました。

最近よく耳にする言葉ですが、**クラウドファンディング**という言葉をどこかで聞いたことがあるでしょうか。不特定多数の人が通常インターネット経由で他の人々や組織に財源の提供や協力などを行なうことを指す、群衆（crowd）と資金調達（funding）を組み合わせた造語です。

ネットで小口融資という感覚で、ベンチャー支援にも活用されています。資金を出す個人がファンドに出資します。ファンドの運営企業は個人から集めた資金を企業や個人に貸し出します。ファンドの運営企業は、ベンチャー企業に融資した金利と投資家に分配した利回りの差額を収益として入手します。この種のクラウドファンディングは年々拡大していて、矢野経済研究所の調査では、２０１４年度の市場規模は１９７億円を超えたとされています。

何かに共感して資金を出す、これは資金を拠出する側にとっても魅力的なものでしょう。**共感型投資**と言われる所以（ゆえん）です。なかには被災地支援の事業を営む事業者が資金提供をネットなどで呼びかけるファンドもあります。

ただ一方で、クラウドファンディング類似の詐欺的な資金調達も見られ、被害に遭うといった事例も発生していますので注意が必要です。

「金融」というと、お金儲けの話だと思うかもしれませんが、必ずしもそうではありません。お金の使い方は、間接的に社会に影響を与えることになるからです。

チョコレートやコーヒー、バナナなどのように原料生産国が主に第三世界にある場合に、その原材料の収穫に児童や女子が無償もしくは安価な労働力として提供され、その結果、市場に低価格で出回る商品がなおも存在しています。

そこで、生産地で公正な取引（フェアトレード）が行なわれるよう、適正な価格で取引している事業者を支援するために、相応の価格で購入する運動が**フェアトレード運動**と呼ばれます。買い物を通じて世界を変えようという意思表示と捉えることもできるでしょう。

また、ユニセフや赤十字の歳末の助け合いに寄付をすることもあると思います。自由主義経済ですから、誰が何にお金を使おうとまったく自由な世の中なのですが、限りあるお金の行方に思いを馳せて、たまには、自分の差し出すお金が社会や地域に貢献している、平和や環境保全に役立つ、そんな使い方をしてみたいものです。

# 第2講　ライフプランを立てる

教授「今日は、人生をより豊かに過ごすために『ライフプランニング』を考えてみよう」

啓「ライフだから人生ですよね、人生の計画ですか？」

教授「人が生きていくには、食べるもの、着るもの、住むところ、そして通信料などと、生活費が必要だ。毎月、毎年どれくらいの生きるコストがかかるのか、いつどんな支出が予想できるか、数年後にどんなプランを持っているかなど、中長期にわたって必要な資金計画などを考えてみることをライフプランニングと言うんだ」

啓「そんなこと言われても、僕には何十年も先のことなんか考えられません。数年先さえ予想がつかないんですから」

教授「そうか、じゃあこうしたい、こんな暮らしをしてみたいとか、夢とか目標はどうかなあ」

啓「それでしたら、仕事で評価されるとか、海外駐在とか。結婚して子どもと遊ぶとか……」

教授「それはすばらしい。ところで、きみは、自分の生活に今いくらかかっているか考えたことあるかな。毎月どれくらいの支出があるんだい？」

啓「僕ですか……、実はあまり考えていません。付き合いも多いし、給与が毎月入るんで安心して、それなりに使ってしまうし」

教授「小遣い帳とか家計簿とかをつけていないのかい？」

啓「つけてないですよ、小さい頃は母親に言われてつけていた頃もありましたけど」

教授「計画を立てることも大切だけれど、まず今どこにどれだけのお金があるかを正確に摑むことも大切だ。そしてこれから、何にどれだけを使っていいのかも把握する必要がある、ここでは10年、20年といった中長期プランも含めて考えてもらおうと思う」

啓「面白そうですが、ぜんぜん予想がつきません……」

## 「ライフプラン」とは何か

「プラン＝計画」と言っても、受験勉強の計画などとは、ちょっと意味合いが異なります。受験勉強の場合は、入試の日に向けて、やるべきことを洗い出して、日々こなすのが計画です。しかし、人生はいくら計画したところで、思い通りにいくとは限りません。

**ライフプラン**を立てることは、人生をどう生き生きと過ごすかを考えることと同義です。

大学に入る、就職をする、住まいを借りる、結婚をする、子育てを始める、海外旅行をする、家を建てる、子どもを大学に入れる、退職する、第二の人生をスタートさせる、親を介護する……。これらは誰の人生においても大きなイベントです。

これらを**ライフイベント**と呼びます。もちろん、一生をシングルで過ごそうという考え方もありますし、海外に移住したいというような選択肢もあり得ます。いずれにしても、こうした将来のライフイベントにはお金がかかります。何も考えず、いざというときにお金が足りなくてできない、となってしまったら困ります。

ですから、現時点で想像できる範囲でかまいませんので、こうしたイベントに対してどのようにお金を使うのかを考えてみましょう。そうすることで、将来に対する不安がなくなり、より充実した人生を送ることができる、ということです。

## 給与明細の読み方を知る

ライフプランニングを考える前に、まずは自分がどれくらいの給与を得ているか、確認をしてみましょう。そんなの知っていると思うかもしれませんが、自分の月給から、税金などがどれくらい引かれているのかを知らない人は、意外に多いものです。

| | | | | | | | | | |
|---|---|---|---|---|---|---|---|---|---|
| 給与支給明細書 | | | | X年 X月分（平成x年x月x日 支給） | | | 有休取得日数 0.00日<br>有給休暇残 18.00日 | | |
| 会社名 サンプル株式会社〔給与項目(拡張ﾓｰﾄﾞ)〕<br>部門名 000000 管理部<br>氏 名 SE3301 横浜 太郎 殿 | | | | 今月もお疲れ様でした。今月は年末調整も含まれます。 | | | | | |
| 勤怠項目 | 出勤日数<br>17.00 | 欠勤日数<br>0.00 | 普通残業時間<br>0.00 | 深夜残業時間<br>0.00 | 休日出勤時間<br>0.00 | 遅刻早退時間<br>0.00 | 皆勤区分<br>0.00 | | |
| 勤怠項目 | | | | | | | | | |
| 支給項目 | 基本給<br>215,000 | 役職手当<br>0 | 住宅手当<br>30,000 | 資格手当<br>0 | 皆勤手当<br>0 | 食事手当<br>5,100 | 営業手当<br>0 | | |
| 支給項目 | | | | | 時間外手当<br>0 | 勤怠控除<br>0 | 通勤手当(非)<br>26,000 | 通勤手当(課)<br>0 | 実総支給額<br>276,100 |
| 控除項目 | 健康保険<br>13,202 | 厚生年金保険<br>20,499 | 厚生年金基金<br>0 | 雇用保険<br>1,657 | 社会保険合計<br>35,358 | 課税対象額<br>214,742 | 所得税<br>430 | 住民税<br>40,000 | |
| 控除項目 | 旅行積立<br>8,000 | 財形貯蓄<br>0 | 組合費<br>6,741 | | | | | | |
| 集計 | 総支給額<br>276,100 | 総控除額<br>90,529 | (内)介護保険<br>1,722 | 年末調整<br>-57,676 | 振込口座1<br>127,895 | 振込口座2<br>0 | 振込口座3<br>0 | 現金支給額<br>0 | 差引支給額<br>127,895 |

昔は、給与は毎月の給料日に現金で手渡しされ、袋の厚みを楽しんだものでした。でも、今は、給与は銀行振り込みがほとんどで、**給与明細書**だけ配布されるのが普通です。なかには給与明細を開いたこともないなんて人もいます。

ちなみに、２０１５年の大卒初任給の平均は、20万５０００円だそうです。長期にわたるリセッション（景気後退）の影響で10年以上ほぼ大きな額の変動はありませんでした。

では、実際に**給与明細書**を見ていきましょう。上に一般的な例を載せてあります。

## 支給される給与の種類

二段目の支給項目にある給与は**基本給**と各種の**手当**からなっています。**基本給**とは、勤務先の会社が毎年作成する給与表に職種や勤務年数に応じて位置づけられベースとなる賃金です。

多くの会社では、基本給は1年ごとに**定期昇給**する仕組みを採用しています。春闘の時期になると、**ベア**という言葉をニュースで聞きますが、これはベースアップの略で、景気の回復・上昇や労使交渉などにより、基本となる給与表上の金額、つまり給与体系そのものをアップさせるものです。

**手当**には、残業手当、通勤手当、住宅手当、家族手当、あるいは調整手当などがあります。調整手当とは、それぞれの事業者の諸事情や従業者の前職の経験年数などを考慮して加算される、各事業者が独自に定めた手当です。残業手当（超過勤務手当）は、所定労働時間賃金の25％増の賃金が支払われなければなりません（午後10時以降は50％増です）。

## 給与から控除されるもの

こうしてよく見返してみると、給与から差し引かれているものの金額が非常に大きいと思われるでしょう。

基本給に各種手当を加えた額から、控除（差し引き）されるものが、あれこれとあるものです。これが三段目の控除項目。おもに**社会保険料**と**税金**です。社会保険料は、健康保険料、厚生年金保険料、雇用保険料、さらに40歳からの介護保険料からなります。

**社会保険料**

健康保険料は病院で治療を受けたり、薬をもらったりするときの医療費負担を軽減するものです。標準報酬月額×保険料率で計算されますが、４～６月の報酬平均でその年の９月以降の保険料を計算しています。２０１５年９月以降の保険料率は９・９６％（東京都）で企業と折半です。

厚生年金保険料は老齢で退職、障害または死亡した場合に、本人や家族が年金を受け取るためのものです。これも標準報酬月額×保険料率で計算されています。健康保険料と同様の手順で計算されますが、会社と従業員で折半して負担しています。２０１５年９月以降の保険料率は17・８２７％です。

雇用保険料は、失業したときに再就職するまでの期間の生活の安定と就職活動をスムーズに行なえるようにしたものです。２０１６年度の場合では、給与総額の１・１％を会社が０・７％、従業員が０・４％で負担しています。

**税金（所得税と住民税）**

控除のもう一つの柱は税金で、所得税と住民税です。所得税は所得額に応じた税率で課税されるものです。所得税は、文字通り所得に対する課税であり、給与所得だけでなく、農業所得や事業所得、不動産や株式などの資産の譲渡（売却）に対する課税や、印税・原稿料などの所得に対しても課税されます。身近なところでは、わずかな利子ですが銀行預金の利子にも利子所得として20％課税されています。

次ページの表は、給与所得の場合の所得税率です。所得税は、個人がその年の1月1日から12月31日までの1年間に得た所得に対して課税されるものです。所得控除は15種類もあります。その主たるものとしては、医療費控除、配偶者控除、扶養控除、社会保険料控除、生命保険料控除、損害保険料控除、基礎控除があります。

左の所得税率表でいう課税所得とは、その年の収入から必要経費、損失、所得控除を差し引いたものです。

所得税は先ほど述べたように、生命保険料や損害保険料の支払い、またその年の途中で結婚や出産による扶養家族の増加などの変化があるので、年末が近づくと勤務先に書類を出して、税金の再計算が行なわれます。これは**年末調整**と呼ばれるものです。

給与明細書の所得税の隣には必ず住民税の欄があります。住民税はそれぞれ居住してい

図表 2-1　所得税率（平成 27 年分から適用）

| 課税所得 | 税率 | 控除額 |
| --- | --- | --- |
| 195万円以下 | 5% | ― |
| 195万円超～330万円以下 | 10% | 9万7500円 |
| 330万円超～695万円以下 | 20% | 42万7500円 |
| 695万円超～900万円以下 | 23% | 63万6000円 |
| 900万円超～1800万円以下 | 33% | 153万6000円 |
| 1800万円超～4000万円以下 | 40% | 279万6000円 |
| 4000万円超 | 45% | 479万6000円 |

る地域で受ける行政サービスへの課税です。都道府県民税と市町村民税（23区は特別区民税）を合わせて住民税として計算されています。課税はその年の1月1日に居住していた自治体が行なうので、その翌日以降に転居をしても、前の住所地から課税されます。

金額は次のようになっています。

住民税（前年課税所得の10%）＝都道府県民税（6%）＋市町村民税（4%）

前年の所得に対して課税されるので、新卒者の場合は、その年の前年の所得は非課税の範囲であることが多く、住民税はゼロである場合が大半でしょう。反対に退職しても、前年の所得に対するものなので、退職した翌年は住民税もとられることになります。

住民税には所得に応じて課税される所得割と、所得金額に関係なく定額で課税される均等割（市町村民税3500円＋都道府県民税1500円）からなります。毎年6月に居住地の役所から納税通知書（納付書）が送られ、納付書によって市役所、金融機関、コンビニなどで納税する**普通徴収**と、事業所を通じて給与から天引きされ事業所がまとめて納税する**特別徴収**があります。

### その他の天引き項目

さらに控除項目には、すべての人に共通の社会保険料と税金のほかに、個人の意思で積み立てたり、会社によって特別に徴収されるものなどもあります。**社内預金**、**財形貯蓄**、組合費などがあります。社内預金には、控除として給料天引きで市中金利より少し高めの金利が設定された社内預金のほかに、この明細書のように会社によっては社員旅行のための有利な積立てなどもあります。

財形貯蓄は、あとで説明を加えますが、国の支援する勤労者のライフプランへの優遇的貯蓄で、通常の銀行預金に比べ金利の上乗せがあり、課税面での優遇措置がとられたもので利用価値の高いものです。加えて、この会社では労働組合があり、組合費を徴収しているようです。

## 源泉徴収の仕組みと確定申告

さて、次に**源泉徴収**について知っておきましょう。毎年1月ごろ、勤務先から**源泉徴収票**を受け取ります。アルバイトをしていた頃にも受け取った経験のある人も少なくないでしょう。源泉は、もちろん資金の源泉、つまり給与の支払元です。勤務先が本来支給すべき給与から、あらかじめ社会保険料や税金を差し引いてきたことの明細を示したものが源泉徴収票です。年に1回しか発行されません。大切に保管すべき書類です。

**確定申告**が必要なときは、源泉徴収票を添付しなければなりません。受け取ったら源泉徴収票を丁寧(ていねい)に眺めてみましょう。社会保険料が年間でいくらだったのか、支払った所得税や住民税もわかります。**年末調整**で提出しておいた生命保険料控除や損害保険料控除なども確認することができます。

源泉徴収票で、注目してもらいたいのは、支払金額の右隣にある、「給与所得控除後の金額」です。言葉が難しいですが、**給与所得控除**とは何のことでしょうか。しかも、源泉

平成〇年分 給与所得の源泉徴収票

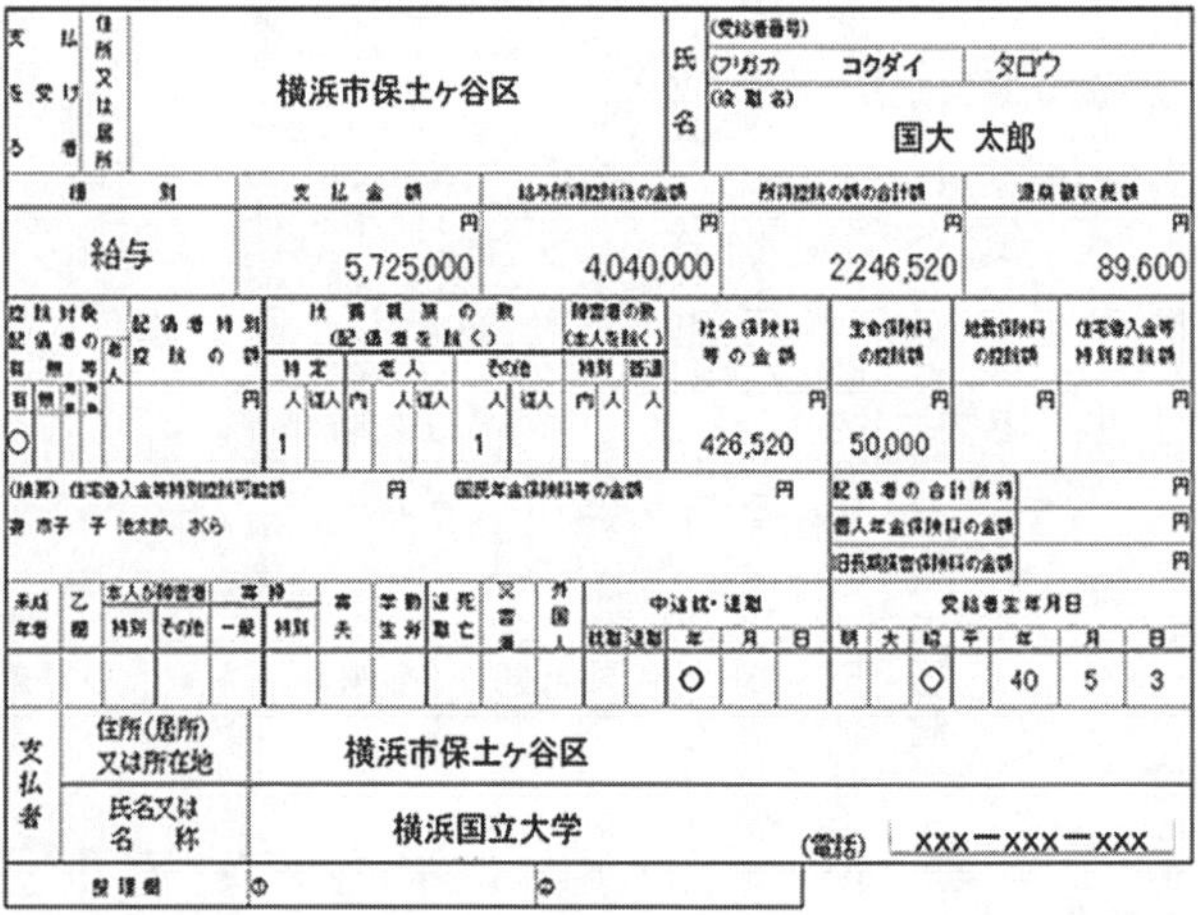

| 支払を受ける者 住所又は居所 | 横浜市保土ヶ谷区 | | | 氏名 (受給者番号) (フリガナ) コクダイ タロウ 国大 太郎 | | | |
|---|---|---|---|---|---|---|---|
| 種別 | 支払金額 | | 給与所得控除後の金額 | 所得控除の額の合計額 | | 源泉徴収税額 | |
| 給与 | 5,725,000 円 | | 4,040,000 円 | 2,246,520 円 | | 89,600 円 | |
| 控除対象配偶者の有無等 有 無 従有 ○ | 配偶者特別控除の額 | 控除対象扶養親族の数(配偶者を除く。) 特定 老人 その他 人 従人 内 人 従人 人 従人 1 | | 障害者の数(本人を除く。) 特別 その他 人 内 人 1 | 社会保険料等の金額 国民 426,520 円 | 生命保険料の控除額 50,000 円 | 地震保険料の控除額 円 | 住宅借入金等特別控除額 円 |

(摘要) 住宅借入金等特別控除可能額 　円　国民年金保険料等の金額　円　配偶者の合計所得　円
妻 市子 子 池太郎、さくら 　　　　　　　　　　　　　　　　個人年金保険料の金額 円
　　　　　　　　　　　　　　　　　　　　　　　　　　　　　　　　　旧長期損害保険料の金額 円

| 未成年者 | 乙欄 | 外国人死亡退職 | 災害者 | 特別寡婦 | 寡夫 | 勤労学生 | 中途就・退職 | | | | 受給者生年月日 | | | |
|---|---|---|---|---|---|---|---|---|---|---|---|---|---|---|
| | | | 特別 その他 一般 | | | | 就職 退職 | 年 | 月 | 日 | 明 大 昭 平 | 年 | 月 | 日 |
| | | | | | | | ○ | | | | ○ | 40 | 5 | 3 |

| 支払者 | 住所(居所)又は所在地 | 横浜市保土ヶ谷区 | |
|---|---|---|---|
| | 氏名又は名称 | 横浜国立大学 | (電話) XXX-XXX-XXX |
| | 整理欄 | ○ | ○ |

徴収票を見てみると、そのさらに右隣には**所得控除**の合計額とあります。なんだかこんがらがってきそうです。

「給与所得控除」に「所得控除」、実に似た言葉ですが、まったく異なるものです。「給与所得控除」は、給与所得者がその所得に応じた比率で受けられる控除を意味します。これだけではまだなんだかわかりませんね。

一般にある一定の収入を得るためには、相応のコストを支払っていると考えられます。たとえば作家は、作品を構想するために旅に出たり、取材をしたり、資料とするために大量の図書を購入したりもするでしょう。店で言えば、売上げに対するコストで、商品の仕入れ額や人件費などのコストや設備費をかけ

てはじめて収入（所得）を上げることができます。

つまり、作家の旅行費用や取材費用は作品を作って売上げを生み出すための**必要経費**です。店の営業にはさらに光熱費やテナントなら家賃などさまざまな必要経費があって、それらは、収入から控除されて、その差額である利益に課税される仕組みになっています。

ところがサラリーマンには**必要経費**が原則認められていないので、給与として支払われる額に応じた必要経費が一定の計算式で求められ、それを給与所得控除額と呼んでいます。

以下に計算式を示してみます（平成28年分から）。

先の源泉徴収票（モデル）で確認してみましょう。支払金額が5,725,000円ですからこの表に当てはめて、

5,725,000×20%＋540,000＝1,685,000円

もとの支払金額5,725,000円から、ここで計算された1,685,000円を差し引きます。すると、4,040,000円となり、この額が源泉徴収票に掲載されています。

図表 2-2　給与所得控除

| 給与等の収入金額<br>（給与所得の源泉徴収額の支払金額） | 給与所得控除額 |
| --- | --- |
| 1,800,000円以下 | 収入金額×40％<br>（650,000円に満たない場合は650,000円） |
| 1,800,000円超 3,600,000円以下 | 収入金額×30％＋180,000円 |
| 3,600,000円超 6,600,000円以下 | 収入金額×20％＋540,000円 |
| 6,600,000円超 10,000,000円以下 | 収入金額×10％＋1,200,000円 |
| 10,000,000円超 12,000,000円以下 | 収入金額×5％＋1,700,000円 |
| 12,000,000円超 | 2,300,000円（上限） |

事業者は、給与等を支払うとき税金を天引き（源泉徴収）していますから、その所得の実際の支払いの翌月の10日までに管轄の税務署に該当の金額を納める仕組みになっています。所得税に関しては２０１３年１月１日から２０３７年12月31日までに生ずる所得には、**復興特別所得税**（所得税額×２・１％）も併せて徴収することになっています。

源泉徴収制度は、戦時中に効率的な戦費調達のためにとられた制度で海外にも例があります。源泉徴収制度は効率的で確実性すなわち公平性の観点からすぐれた制度であるとは言えますが、一方で、申告納税制度のように、みずからの所得や経費を計算して税額を判断して納税するという**タクスペイヤー**としての意識（納税者としての国の政治への関心・態度など）を消失させ、民主主義にもとるという欠点もあるとされます。

国税庁では毎年、源泉徴収税額表を公表し、源泉徴収を行なう事業所では、それを参考に税額の計算を行ない、本人に代わり納税をしています。ですから、それぞれの事業所で年末調整が行なわれ、翌年の初めに源泉徴収票が一人一人に配布されるので、前年の所得や納税額などをきちんと確認をすることは大切です。

しかも、もし**医療費控除**や**特定支出控除**などがあって、確定申告を行なう場合にはこの源泉徴収票は必要書類ですから、確実に保管しておいてください。万一紛失したときは、事業者に再発行を依頼します。

医療費控除が受けられるのは、家族全員の医療費実費負担分から保険金などで支払われるものを除いて10万円を超える場合に限られます（年間総所得が200万円未満の人は、総所得金額の5％を超える金額になります）。医療費実費負担の証明には領収書が必要です。また、治療代や投薬代以外にも病院を往復したタクシー代なども認められるので、領収書を確実に保管しておく癖をつけておくことが大切です。ただし、医療費控除は、年が明けて各自で税務署に確定申告しなければなりません。

最近では、制服のように着用する背広や職務に関連する書籍、職務に必要な技術や知識を得るための研修費用、資格取得費など、職場による証明を受けることで、サラリーマンにも特定の必要経費が、２０１４年の確定申告から認められるようになりました。特定支出控除と呼ばれるものです。

なお確定申告は申告期間（毎年2月15日〜3月15日）に提出書類を整えて税務署に出向いて行なう以外にも、郵送や電子ファイルを送信することで行なう（e-taxと呼ばれます）ことも可能です。

### マイナンバーを知る

２０１６年から「マイナンバー制度」が導入されました。この制度は、税や年金、社会保険などを行政事務の効率化や公平性の確保、確実な給付を目的として、個人を特定するための12桁の数字を付与したものです。

個人は勤務先やアルバイト先に届けるほか、年金給付などのためにも必要になります。また、株式や投資信託、債券の購入などの際にも証券会社等に、マイナンバーは届ける必要があります（新規口座開設の場合はそのとき同時に、すでに口座を保有している人は18年末までに届け出る義務があります）。また、銀行取引では、窓口を通じて行なう投資信託・公共債

| 通知カード | |
|---|---|
| 個人番号　1234 5678 9012 | ☜マイナンバー |
| 氏名　　山田　啓 | |
| 住所　神奈川県横浜市保土ヶ谷区常盤台 79 | |
| 平成 3 年 5 月 5 日生　性別　男 | |
| 横浜市保土ヶ谷区長 | |
| 発行日　平成 27 年 10 月 5 日 | |

などの証券取引全般や、マル優・マル特、財形貯蓄（年金・住宅）、外国送金などの取引で、マイナンバーの届けが必要となります。

**自分のキャッシュフローをつかむ**

こうした給与と日々使うお金を、家計簿（金銭出納帳）につけている方も少なくないかもしれません。ただ、金銭出納帳はつけていても、それはその時々の収支を記入して、現金の現在有り高を示しているものにすぎません。

もちろん、今、自分がどれだけの現金を持っているかを把握することはとても大切です。それすらわからずに、無計画にお金を使っていては、場合によっては借金だらけになってしまうかもしれません。今では、定期預金とセットになった総合口座の預金があれば、普通預金の残高以上にお金を使うことだって可能です。クレジットカードを使えばなおさらでしょう。

さて、金銭出納帳は、たしかにその時点の収支を明示していますが、いわば使ったお金、入ってきたお金の結果を示しているにすぎません。

将来の資金繰りや支出予測を立てて、家計をマネジメントするには**キャッシュフロー**という概念で考えることが必要です。

## キャッシュフロー表

ライフプランを考えるとは、将来にわたる生活の資金をどのようにまわしていくのかを計画することです。1年後の収入予測、家族の成長を考慮した支出予測、生活費と車の維持費などのいわばランニングコスト、家族旅行などの**ライフイベント**など、まずは、1年間の支出を洗い出すことからスタートします。

そして、2年後、3年後、4年後、5年後と順に表に数値を記入していきます。結婚、出産、住宅購入そして、子どもの入学など大きな費用の掛かるライフイベントも記入します。もちろん、いつ結婚するかなどはわかりませんが、自分が人生の中でどのあたりの時期にそうしたライフイベントを経験するかを想像してみるのです。

各人各様、自由自在に考えてかまいません。自動車は高い買い物ですから買わない選択もあるし、住宅購入は何十年にもわたりローン返済の負担が家計を逼迫させることもありますから、持ち家でなく賃貸を利用する選択もあり得ます。

このように考えてみると、10年先、20年先の展望が見えてきます。目先の支出だけでなく、長期的なスパンで自らの家計を見つめることができるのが**キャッシュフロー表**の特徴です。まず現在の収入を記入し、想定されるライフイベントを書き込むことから始めてみてください。

キャッシュフロー表は、ある年齢の1年間の家族の収入と支出のおおよそを計算し、残額を貯蓄（繰り越し）として次の1年間に繰り返し計算をすることで、10年後、20年後の年間収入と年間支出の差、すなわち貯蓄状況を見通すツールになるものなのです。54〜57ページにひな形と書き込み例を挙げてありますので、参考にしてください。

では、例を示しますので、実際にキャッシュフロー表を作成してみましょう。「私は今、25歳。結婚予定は27歳、妻は結婚時25歳。私の現在給与は年間手取り280万円。結婚時の妻の給与が年間240万円、共働き予定。妻28歳第1子出産、第2子出産。住宅取得は私が33歳のときを予定。給与の上昇率は2％」としてみましょう。

| 2025 | 2026 | 2027 | 2028 | 2029 | 2030 | 2031 | 2032 | 2033 | 2034 | 2035 | 2036 |
|---|---|---|---|---|---|---|---|---|---|---|---|
| 9年後 | 10年後 | 11年後 | 12年後 | 13年後 | 14年後 | 15年後 | 16年後 | 17年後 | 18年後 | 19年後 | 20年後 |
| 34 | 35 | 36 | 37 | 38 | 39 | 40 | 41 | 42 | 43 | 44 | 45 |
| 32 | 33 | 34 | 35 | 36 | 37 | 38 | 39 | 40 | 41 | 42 | 43 |
| 4 | 5 | 6 | 7 | 8 | 9 | 10 | 11 | 12 | 13 | 14 | 15 |
| 1 | 2 | 3 | 4 | 5 | 6 | 7 | 8 | 9 | 10 | 11 | 12 |
| | | | | | | | | | | | |
| 住宅取得 | | 入学(第1子) | | | 入学(第2子) | | | 中学(第1子) | | | 中学(第2子) |
| 371 | 378 | 400 | 408 | 416 | 425 | 433 | 450 | 460 | 470 | 480 | 490 |
| 150 | 150 | 300 | 306 | 312 | 320 | 325 | 330 | 337 | 345 | 352 | 360 |
| 3000 | | | | | | | | | | | |
| 3521 | 528 | 700 | 714 | 728 | 745 | 758 | 780 | 797 | 815 | 832 | 850 |
| 220 | 220 | 240 | 240 | 240 | 240 | 240 | 250 | 250 | 250 | 250 | 250 |
| 250 | 150 | 150 | 150 | 150 | 150 | 150 | 150 | 150 | 150 | *1150 | 150 |
| 30 | 50 | 30 | 200 | 30 | 30 | 50 | 40 | 40 | 250 | 40 | 40 |
| 60 | 60 | 80 | 80 | 80 | 80 | 100 | 100 | 200 | 150 | 150 | 250 |
| 60 | 60 | 60 | 60 | 60 | 60 | 60 | 60 | 70 | 70 | 70 | 70 |
| | | | | | | | | | | | |
| 3000 | | | | | | | | | | | |
| 3620 | 540 | 560 | 730 | 560 | 560 | 600 | 600 | 710 | 870 | 1660 | 760 |
| -99 | -12 | 140 | -16 | 168 | 185 | 158 | 180 | 87 | 55 | -828 | 90 |
| 717 | 705 | 845 | 829 | 997 | 1182 | 1340 | 1520 | 1607 | 1662 | 834 | 924 |

＊住宅ローンの繰上げ返済

**図表2-3 キャッシュフロー表（記入例）**

| 年 | 2016 | 2017 | 2018 | 2019 | 2020 | 2021 | 2022 | 2023 | 2024 |
|---|---|---|---|---|---|---|---|---|---|
| 経過年数 | 現在 | 1年後 | 2年後 | 3年後 | 4年後 | 5年後 | 6年後 | 7年後 | 8年後 |
| （ 私 ）の年齢 | 25 | 26 | 27 | 28 | 29 | 30 | 31 | 32 | 33 |
| （ 妻 ）の年齢 | | | 25 | 26 | 27 | 28 | 29 | 30 | 31 |
| （ 第1子 ）の年齢 | | | | | | 0 | 1 | 2 | 3 |
| （ 第2子 ）の年齢 | | | | | | | | | 0 |
| （ ）の年齢 | | | | | | | | | |
| ライフイベント | | | 結婚 | 海外旅行 | 海外旅行 | 出産(第1子) | | 海外旅行 | 出産(第2子) |
| （ 私 ）の収入 | 280 | 286 | 292 | 298 | 304 | 310 | 350 | 357 | 364 |
| （ 妻 ）の収入 | | | 240 | 245 | 250 | 150 | 200 | 240 | 150 |
| 一時的な収入 | | | | | | | | | |
| 収入合計(A) | 280 | 286 | 532 | 543 | 554 | 460 | 550 | 597 | 514 |
| 基本生活費 | 100 | 100 | 160 | 160 | 160 | 180 | 180 | 180 | 200 |
| 住居関連費 | 70 | 70 | 80 | 80 | 80 | 80 | 80 | 80 | 80 |
| 車両費 | | | 200 | 30 | 30 | 50 | 30 | 160 | 30 |
| 教育費 | | | | | | | 40 | 40 | 60 |
| 保険料 | 10 | 10 | 40 | 40 | 40 | 50 | 50 | 50 | 60 |
| その他の支出 | | | | 60 | 60 | 30 | | 80 | 30 |
| 一時的な支出 | | | | | | | | | |
| 支出合計(B) | 180 | 180 | 480 | 370 | 370 | 390 | 380 | 590 | 460 |
| 年間収支(A－B) | 100 | 106 | 52 | 173 | 184 | 70 | 170 | 170 | 7 |
| 貯蓄残高 | 0 | 106 | 158 | 331 | 515 | 585 | 755 | 762 | 816 |

| | | | | | | | | | | | |
|---|---|---|---|---|---|---|---|---|---|---|---|
| 9年後 | 10年後 | 11年後 | 12年後 | 13年後 | 14年後 | 15年後 | 16年後 | 17年後 | 18年後 | 19年後 | 20年後 |
| | | | | | | | | | | | |
| | | | | | | | | | | | |
| | | | | | | | | | | | |
| | | | | | | | | | | | |
| | | | | | | | | | | | |
| | | | | | | | | | | | |
| | | | | | | | | | | | |
| | | | | | | | | | | | |
| | | | | | | | | | | | |
| | | | | | | | | | | | |
| | | | | | | | | | | | |
| | | | | | | | | | | | |
| | | | | | | | | | | | |
| | | | | | | | | | | | |
| | | | | | | | | | | | |
| | | | | | | | | | | | |
| | | | | | | | | | | | |
| | | | | | | | | | | | |
| | | | | | | | | | | | |
| | | | | | | | | | | | |

記入しますが、ここでは記入しやすいように変動率をゼロとしています。

家計のキャッシュフロー表は日本ＦＰ協会のＨＰからダウンロードが可能です。
20年間のキャッシュフロー表を作成してみてください。
https://www.jafp.or.jp/know/fp/sheet/

### 図表2-3　キャッシュフロー表（記入用）

家族ごとのライフイベントや収入・支出を書き出して
今後20年間の家計の収支をチェックしましょう。

| 年 | 年 | | | | | | | | |
|---|---|---|---|---|---|---|---|---|---|
| 経過年数 | 現在 | 1年後 | 2年後 | 3年後 | 4年後 | 5年後 | 6年後 | 7年後 | 8年後 |
| (　　　)の年齢 | 歳 | | | | | | | | |
| (　　　)の年齢 | 歳 | | | | | | | | |
| (　　　)の年齢 | 歳 | | | | | | | | |
| (　　　)の年齢 | 歳 | | | | | | | | |
| (　　　)の年齢 | 歳 | | | | | | | | |
| ライフイベント | | | | | | | | | |
| (　　　)の収入 | | | | | | | | | |
| (　　　)の収入 | | | | | | | | | |
| 一時的な収入 | | | | | | | | | |
| 収入合計(A) | | | | | | | | | |
| 基本生活費 | | | | | | | | | |
| 住居関連費 | | | | | | | | | |
| 車両費 | | | | | | | | | |
| 教育費 | | | | | | | | | |
| 保険料 | | | | | | | | | |
| その他の支出 | | | | | | | | | |
| 一時的な支出 | | | | | | | | | |
| 支出合計(B) | | | | | | | | | |
| 年間収支(A－B) | | | | | | | | | |
| 貯蓄残高 | | | | | | | | | |

※本来、キャッシュフロー表を作成するときは物価上昇や運用利回りを考慮した金額を

なお、平均的な教育費の概算として、保育園は年間40万円（幼稚園は50万円）、小学校で年間30万円（私学の場合は150万円）、中学校50万円（私学は130万円）、高校40万円（私学は100万円）として計算してみてください（保育園費用を除き文科省平成26年度学習費調査を参考に概算しています）。

このデータから計算して、一人の子が、幼稚園（3年保育として）から高校まで私学で過ごすとすれば約1700万円の支出となります。子どもの教育費がどれほど家計の負担として高い比重を占めるものかわかっていただけるでしょう。

家計のキャッシュフロー表は日本FP協会のHPからダウンロードが可能です。20年間のキャッシュフロー表を作成してみてください（https://www.jafp.or.jp/know/fp/sheet/）。

## フローとストック

さて、キャッシュフロー表はお金の流れを知るのには役立ちますが、長い人生の中ではさまざまなものを買うでしょう。購入すれば現金はなくなりますが、そうして買ったものは財産として残ります。企業経営と同じように、それらの財産と資金の流れを合わせて見ることで、よりライフプランの実態が見えるようになります。

こうした資金の流れを一般に**フロー**（流量）といいます。一方、ある時点での財産状態を**ストック**（資産）といいます。資産は、**実物資産**あるいは**金融資産**などと言われるように、長期にわたって、利用できる財産です。

たとえば、実物資産の代表格は不動産でしょう。土地や建物のことです。住宅は生活していくのに不可欠なものですが、それ自体が大きな財産的価値を持つものです。

また、給料を預けたり、生活費を引き出したり、銀行の普通預金や定期預金を毎日のように活用しています。この銀行預金は代表的な金融資産です。株式や債券などの有価証券で金融資産を保有している人もいます。

企業では、固定資産と流動資産として分類し、土地建物などの不動産は固定資産として、また、銀行預金や受取手形（一定期間後に支払う約束を明示した有価証券）、売掛金（商品売上後の未回収の資金）などは流動資産として処理しています。企業財務では、このフローとストックの両面から財務状況を把握することが不可欠です。

たとえば、企業が運搬用の小型トラックを1台新規に購入したとします。そのときに200万円を支払えば、フローで見れば、200万円の出費（支出）です。しかし、その小型トラックは資産（車両運搬具）をストックとして手に入れたことになります。

このとき、小型トラックの資産としての価値をどう評価するでしょうか。

買った時点では200万円の価値がありますが、時間が経つにしたがって資産価値は減少していきます。仮に5年で価値がゼロになるものと仮定すれば、毎年40万円ずつ、資産価値が下がります。このとき、同時に、費用（償却費用）が40万円分発生したと考えます。

これを企業会計上は、**減価償却**と呼んでいます。価値がゼロになるまでの期間である耐用年数は、法令で定められています。別の言葉で言い換えれば、資産が費用化されるということです。資産の減少＝費用の発生なのです。

個人の家計でも、同様の考え方をしてみましょう。

自動車や住宅を購入した場合、現金の面では大きな出費となりますが、それは自動車や住宅という資産を手に入れたということでもあります。

これらは何年も使うことができるでしょう。しかしながら、同時に、年月の経過とともに減価していくと考えます。正確には意味が異なりますが、一般に、売却する場合の下取り価格が下がっていくのをイメージしてもよいでしょう。

**図表2-4　減価償却**

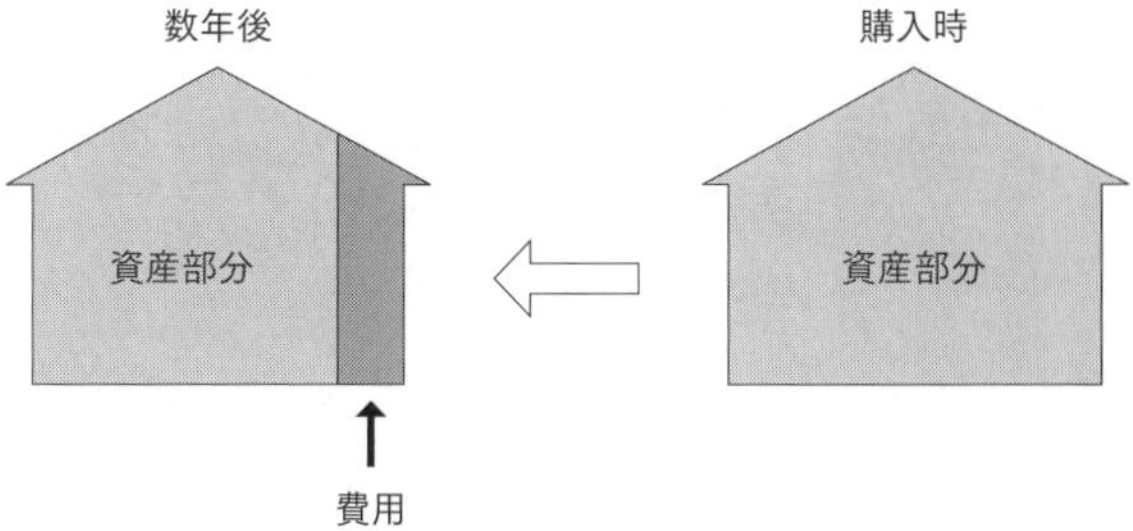


土地も私たち人間の生活に不可欠のものであり、建物と同様に不動産なのですが、基本的には減価しません。どういうことでしょうか。建物は使用年数によって傷（いた）んできたり、汚れてきて価値は徐々に失われていきますが、土地はそうではないからです。むしろバブルの時期には物価高騰の勢いの中で、高額物件が続出しました。土地は地域にもよりますが、比較的安定した資産と言えるでしょう。

## 家計のバランスシートを作ってみる

企業は決算をするときに1年とか半年といった会計期間全体のフローとしての**損益計算書**と同時に、決算時点でのストックの状態を示す**貸借対照表**（**バランスシート**）を作成します。これは、企業がその会社の業績を示す決算書類として作成する重要な書類の一つです。

バランスシートには、**資産**と**負債**を書き出して、その差額を**純資産**として把握します。左側に資産、右側に負債と純資産を書き出します。左側左側と右側のそれぞれの合計金額が同じになるので、「バランス」と言うのです。

期首と期末で純資産が増加していたら、それがその期の純利益として計算されます。

家計でもバランスシートを作成してみて、自分の状況がわからなければ、資産をどう使うのか、増やすのかといった方針を立てることはできません。

負債とは、借り入れたものの意味です。住宅ローンや自動車ローンは、負債の代表的なものです。

当たり前ですが、負債は返済の義務があります。銀行預金は、皆さんから見れば資産ですが、金融機関にとっては負債となります。言うなれば私たち預金者は、銀行にお金を貸し付けているわけで、銀行に対する**債権者**（法的な請求権を持つ人）の一人なのです。

たとえば、Aさん夫妻は、普通預金、定期預金、株式などの金融資産を持ち、さらに実物資産として、中古マンションを購入したので、図表2-5のようなバランスシートが書けました。

この表をよく見てください。先ほども言いましたが、負債は返さなければならないもの

図表 2-5　家計のバランスシート

| 資　産 | | 負　債 | |
|---|---|---|---|
| （A 金融資産） | | 住宅ローン残高 | 3000万円 |
| 普通預金 | 40万円 | クレジット債務 | 15万円 |
| 定期預金 | 200万円 | カーローン残高 | 125万円 |
| 財形貯蓄 | 180万円 | 奨学金残高 | 80万円 |
| 株式 | 50万円 | （C 負債合計） | （3220万円） |
| | | | |
| （B 実物資産） | | （純資産） | （870万円） |
| マンション | 3500万円 | | |
| 自動車 | 120万円 | | |
| 資産合計（A+B） | 4090万円 | 負債＋純資産 | 4090万円 |

ですが、たとえば、住宅を取得するために借入れをしたという場合には、単なる借金があるという意味ではなく、その借入れを利用して資産を取得したと読み取ることができます。資産の増加＝負債の増加、という関係になっていることがわかります。

借入制度があるからこそ、大切な財産としてのマンション購入が可能となったわけです。３０００万円を30年かかって返済するというのは、気の長い話ではありますが、３５００万円のマンションがそれによって手に入り、最終的に返済が完了すれば、誰にも気兼ねなしに自由に処分できるようになります。その意味で、この場合の住宅ローンという負債は価値ある負債の代表格でしょう。

一方で、借金をしてすぐパチスロなどのギャンブルに向かう人は、あっという間に投入した資金が枯渇してしまうことも多いでしょう。こうした借金は意味のある借金とは言えませんね。


さて、先ほどのバランスシートの（A）金融資産のうち、現金や預金は実際の金額が簡単に把握できます。

では、株式や（B）実物資産ではどうでしょうか？　たとえば土地を持っている場合、買ったときの価格でしょうか。それとも現在の価格でしょうか。

これらのものは、時価を計上します。バランスシートはある時点での資産を評価したものですから、株式は購入原価ではなく、その時点の株価を調べます。いま、売却したとすればいくらになるかということです。

不動産は、土地と建物で考え方が異なります。地価は上昇することもありますが、建物の価値は一般的には下がります。あまり細かい計算は困難ですから、だいたい同じ場所の似たような物件の価格を調べてみましょう。地域の不動産広告やネット情報などが参考になります。自動車もだいたいの減価率は予想できるでしょう。

こうして自分のバランスシートができたら、そこから、負債合計が資産合計を上回っていないか、住宅ローンの返済残高がまだ高額にもかかわらず、預貯金が多いことはないかなどをチェックするとよいでしょう。

当面の使途がなければ繰り上げ返済に多少でも回したほうがいいこともあります。繰り上げ返済をすれば、当然にローンの残高が減りますし、返済期間も短くなってきます。したがって、利子相当部分の負担も繰り上げた返済額に応じていくらかでも安くなり、お得と言えるでしょう。

## 人的資産の形成

これまでライフプランニングについて、キャッシュフローや家計のバランスシートから見てきました。

こうした表に現われてくるのは金銭的価値ですが、人生を考えたときに、「資産」はお金に換算されるものだけではないことが重要です。

あなたが生活していくうえで、かけがえのない友人、家族、先輩、あるいは上司、仕事上の付き合いのある方など、これまでの人生の中で培（つちか）ってきた人間関係は重要なものです。まさに固有のオリジナルな財産、資産です。こうした人のつながりや自らを鍛え、磨き上げてきたものは**人的資産**と呼ばれます。

また、収入とは仕事の成果に対する報酬ですから、それを上昇させることが生活を安定させる一番の近道です。収入を上げるには、自分の能力への投資が必要となります。わかりやすい例が、資格の取得でしょう。

世の中には、ＦＰ（ファイナンシャルプランナー）、証券外務員、社会保険労務士、宅地建物取引主任者、などたくさんの資格があります。もちろん、勉強のために費用は掛かりますが、将来のための投資と考えることも必要になります。お金を貯めるのに必要なのは、節約だけではありません。

なかには、ビジネススクールに通って、ＭＢＡ（経営学修士）を取ろうとする人もいるでしょう。最近は社会人大学院のコースも各大学が力を入れ、講座も豊富になっています。大学院へ進むことも、同じように投資と考えることができます。将来のために、条件の良い会社や働き甲斐（がい）、ステイタス、生涯賃金など、さまざま将来利益を期待して人的投資に励むことになります。

筆者のゼミ生で、半期だけ扱った消費者法の基礎がきっかけとなり法律に興味を持って、卒業と同時に奨学金やら親から借金をしてロースクールに進み、4年越しで見事司法試験に合格し、弁護士の道に進んだ男性がいます。彼はまさに、自分へ大きく投資したわけです。

ライフプランニングは、将来自分がどう生きるかを選択するための基礎となるものです。社会人になっても、つねに自分の現状と将来像を把握することで、自分の目指す人生を実現することにつながっていくのです。

# 第3講

# お金を殖(ふ)やす

教授「きみはどんな資産をもっていますか」

啓「資産と言われるようなものはないですよ、マンションだって賃貸ですし」

教授「銀行にお金を預けているよね。社内預金とか財形なんかに入っていないのかな」

啓「えっと、財形は勧められて入ったので、給料から引かれてた気がします。わずかな貯金も資産というのですか？」

教授「そうだね。りっぱな資産だ。財形は普通の銀行に比べて金利が高めになっているし、手持ちの現金を預けて銀行預金という資産にすれば、一定期間後には利息が付いて資産をわずかでも殖やすことができる。これを資産運用と言うんだ」

啓「株にまわして運用するとか言いますね。僕もできることならお金をどんどん殖やしてみたいと思っています」

教授「そう簡単にお金は殖えるものではないな。預金も運用手段の一つだけれど、株式や債券などの金融資産だけでなく、金や不動産などの実物資産もある。資金を上手に運用することはとても大切なことなんだ。もちろん運用の結果、失敗して減ることだってある。それぞれの資産の性格を知ることも大事なポイントだ。ここではお金の運用について考えてみることにしよう」

## 資産形成に必要な考え方——リスクとリターン

人生にとって**資産形成**は大切です。自分らしい人生を過ごすためには、その元手が必要だからです。第1講での教授と啓君の会話でもありましたが、標準的な大卒のビジネスパーソンが一生のうちに稼げる金額と、生活に掛かる金額はほぼ同じです。つまり、そのままでは自由に使えるお金はあまりないということです。

そこで、少しでも余裕を持たせるためにできることが、資産形成です。稼いだお金を貯めて、それを元手にさまざまな運用をして、リターンを得るのです。

では、どのように資産を築いていけばよいのか。本講ではそれを考えてみましょう。

資産形成というときの資産とは、何も現金だけではありません。資産には、現金、預金、株式、債券、貴金属、土地建物などさまざまあります。それらを上手に運用して、価値を増やしていくのです。

できるだけ安全に、どんどん増やすことができればいい。誰もがそう思うでしょうが、世の中はそんなに甘くはありません。ここで必要になるのが、**リスク**と**リターン**という考え方です。

一般にリスクという言葉は、危険とか冒険とかいった意味で使われることが多いですが、資金の運用の上でのリスクとは、「結果のわからない不確実性なもの」を言います。反対に、リターンは「その結果」を指しています。

多くの人が利用している銀行預金にも、リスクとリターンはあります。たとえば、普通預金は預けた資金が減ることはまずありません（銀行が倒産する可能性はありますが、現在は預金保険制度があるので、1000万円まで保護されます）。つまり、リスクはほぼゼロと言っていいでしょう。

一方、都市銀行の普通預金金利は2016年3月現在で0・001％ですから、100万円を1年預けても10円（実際は利子課税があるので8円弱）というレベルです。すなわち、リスクがない分、リターンも少ないのです。

しかも、2016年に入ると、経済の低迷の中で、日本銀行が史上初めて**マイナス金利**の導入を決定しました。マイナス金利とは、銀行間金利として、日銀への金融機関の預け金の一部にかかる金利がマイナスになるということです。欧州などではすでに導入されていました。金融機関による企業への貸付け拡大を促し、景気回復を狙うものです。

マイナス金利の導入により、ますます低金利になっていくことが予想されます。住宅ローン利用者にとっては朗報になりますが、将来的には一般預金者も金融機関に預けると手数料をとられるということもこれまでに経験したことのないシステムにならないとも限りません。

政府・日銀はインフレ目標を２％として掲げています。仮にインフレ（物価上昇）が進行すれば、１００円の預金の価値（購買力）は98円に低下しますから、預金は次第に目減りすることになります。したがって、そうしたリスクを回避するためには、預金ばかりに頼らずに、投資（投資信託、株式、現物資産など）にも資産を振り向けることも検討してみる必要があるでしょう。

つまり、予想されるインフレ下では、多少のリスクをかぶってもリターンを期待したいと考えるのは自然のことです。

たとえば、期間2年の定期預金で運用すると、2年後の受取額は元本と利息の合計で、あらかじめはっきりしています。一方で、ある企業の株式を購入すれば、その企業の業績や経済状況によって2年後の売却による損得を予想することは困難です。先のことで不確実ゆえにリスクが大きいわけですが、預金では得られない大きなリターンを得られる可能性もあります。

これは、預金と株式のどちらがいいか、ということではありません。どの運用方法を選ぶかは、あなた自身がどこまでリスクを許容できるか、によります。できるだけ安全に高い利回りで、といった二兎を追うようなことはできないと肝に銘じておきましょう。

**図表3-1　資産運用の三要素**

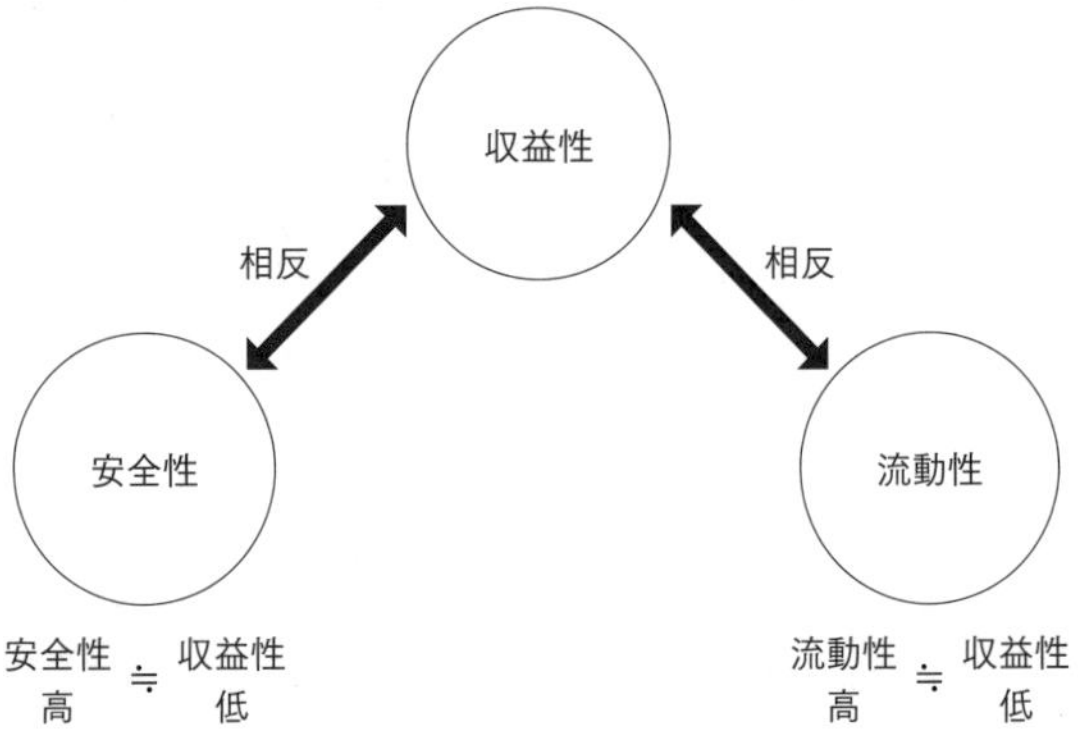


## 金融商品選択の基礎

　資産形成の主な手段は、やはり金融商品を購入することになるでしょう。その際に注意すべきことは、**安全性**、**収益性**、**流動性**です。流動性、安全性、収益性は**資産運用の三要素**と呼ばれます。リスクを最小限に抑えるためには、安全性を重視することになり、リターンを追い求めるならば収益性を狙うということになります（図表3-1）。

　元本が保証される商品は、利息や利回りが低くなっています。つまり、安全性と収益性は相反し

**図表3-2　資産運用の三要素でみると**

| | 普通預金 | 定期預金 | 外貨預金 | 国債・社債 | 株式 | 投資信託 | FX |
|---|---|---|---|---|---|---|---|
| 流動性 | ◎ | ○ | ○ | △ | ○ | △ | ○ |
| 安全性 | ◎ | ◎ | △ | ○ | △ | △ | △ |
| 収益性 | △ | △ | △* | ○ | ◎ | ○ | ○ |

*円建て外貨預金は為替変動を受け元本割れもある

ます。流動性というのは、他の資産との交換がどれだけ容易にできるか、すなわち現金化しやすいかということです。いつでも引き出せる普通預金は、流動性は高いですが、利息は低く、流動性と収益性も相反することがわかります。

資産形成において大切なものには、いざというときに換金できる流動性、できる限り資産が目減りしないための安全性、一方で資産選択の指標としては、一定の利回りや配当などの収益が期待できる収益性が必要とされます。

しかし、これらの三つの要素を同時に兼ね備えた有力な資産を見つけることはきわめて困難です。ですので、年代や目的に合った選択をする必要があります。

たとえば、20〜30代の若い世代であれば、まだこれから稼ぐことができますから、流動性などよりは収益性を狙ってよいでしょう。30〜40代の子育て世代であれば、教育費用などが掛かりますので、流動性を重視すべきです。

それを過ぎて50〜60代の熟年世代になれば、再び余裕もできるでしょうから収益性を重視してもよいでしょう。60代後半以降のリタイア世代になったら、無闇にリスクをとって収益性を狙うのではなく、流動性を最優先させるべきだと思います。

前ページの図表3-2は、一般的に三要素からみた金融商品の一覧です。これらはあくまで目安です。

金融商品は、他の商品に比べて購入金額が比較的大きいですから、慎重な選択を迫られます。その場合に考えることは、商品の内容です。衣類や食品を購入するとき、表示を見たり、取扱説明書を読んだり、販売員に説明を求めたりしますが、金融商品選びも同様です。

おためしができませんから、最初は少額にして様子を見るのが妥当かもしれません。まずは、その商品の内容として、どれだけのリターンが期待される一方で、どれほどのリスクがあるかを正確に把握することが大切です。

## 資産形成の「三分法」

「たまごは一つのかごに盛るな」

これは古くから言われる格言です。欧米のパーソナルファイナンスの教科書には、かごいっぱいに盛りつけられた生たまごの写真が出てきます。一つのかごに、持っているたまごを全部盛っていたら、そのかごを落としたときにたまごが全部割れてしまいます。だから、複数のかごに分けて盛るように、つまりリスクは分散せよという意味です。

資産は3通りに分けて持つとよいと言われます。昔から**財産三分法**として、預貯金、株式、不動産に分けて投資するのがよいとされてきました。それらをどれくらいの比率で保有するかは考えどころですが、まずは当面の生活資金を確保したうえで、自分がどの資産をどれくらい持つべきなのか考えるのが賢明です。

金（きん）は古くから多くの人に愛され珍重された貴金属であり、代表的な実物資産です。長い歴史の中で金貨が世界に存在したように、錆（さ）びることなく、永遠の輝きを保つ大切な金属として、貨幣や装飾品のみならず、その特性を生かして工業原料などにも使用されます。最近の携帯電話やＩＣ機器などの基盤などにもレアメタルとしてチタンなどと同様に、金も使用されています。

あとで説明しますが、それぞれの必要に応じた資産形成の目的を考えながら、さまざまな資産に分けて保有したり、株式など同一資産の中でも、数社の株式に分けて保有するなど、資産は分散して保有することで、より流動性や安全性や収益性を図ることができることを知っておきましょう。

こうした資産を分散する手法は**ポートフォリオ**と呼ばれます。ポートフォリオとは、もともと蛇腹(じゃばら)式になった書類入れのことで、いくつかに分類整理して書類をしまっておくものです。

## まずは貯蓄から始める

さて、いきなり手持ちのお金が少ないのに、それをリスクの高い商品に投資するのは望ましくありません。何か不測の事態があったときに、手持ちの現金がなくなったら困ってしまいます。

また、3年後に結婚をするので必要資金を確保したいなど、明確な目的がある場合もそうです。いざ結婚式当日になってみたらお金が払えない、なんてことになりかねないからです。

図表3-3　貯蓄のルール（VISA日米大学生金融意識比較調査 2012）

| | | 日　本 | アメリカ |
|---|---|---|---|
| | サンプル数(N) | N=312 | N=345 |
| 貯金したいお金をあらかじめ決めている | | 37.5（%） | 55.6（%） |
| やりくりして残ったお金を貯金する | | 60.6（%） | 44.0（%） |
| その他 | | 1.9（%） | 0.4（%） |

たとえば３００万円を3年で貯めるためには、1年間に１００万円ですから、毎月8万円くらいを積み立てるか、あるいはボーナスを当てにして、毎月の5万円の積み立てとボーナス時に20万円ずつ貯めていくことになります。

会社勤めを始めたばかりの人には、少し厳しい金額かもしれません。では、5年間で貯めることにしてみたらいかがでしょうか。大切なことは、目標金額と期間を設定して、着実に貯めていくということです。

２０１２年にＶＩＳＡワールドワイドが実施した日米大学生の貯蓄に関する意識調査では、日本の学生は、貯蓄に関して余ったお金を貯めておくという選択が多かったのに対して、アメリカの学生は何らかの目的のためにあらかじめ貯金したい金額を決めておくという選択が多く、その差が顕著でした（図表３‐３）。

アメリカの学生は、早くからアルバイトをして自分のお金を稼ぐことや、学校での実践的な金融教育を受けた経験や大学生自身による申告納税の習慣などから、マネーマネジメントに関心が高く、目標をもって貯蓄する傾向が強いものと思われます。さしあたり余剰資金を貯蓄しておくことも賢明な選択ではありますが、目標を立ててコツコツ貯めていく方法は日常生活のさまざまな部分でメリハリも生まれ、前向きなライフプランを築くことにつながるものです。

人間誰しも使うことを我慢して貯めるよりも、使うほうが楽しいものです。何も将来を考えずにその時点であるお金を使っていれば、貯まることはないでしょう。やはり、節約して残ったお金を貯金しようと考えるよりも、あらかじめ使途を定めた目標を立て、そのために努力をすることのほうが、より目標が実現する可能性は高くなるでしょう。

現在の市場金利は限りなくゼロに近く低いのですが、将来のために確保しておくという貯蓄の役割は、財布の中に資金があれば使ってしまう癖を抑え、やりくりを考えながらモノを買う習慣も身につき、いわば、銀行の金庫に預けておくことで、しっかりしたマネーマネジメントをしているということになります。

もちろん銀行預金は、積立預金でも定期預金でも元本保証ですから、貯めていた資金を受け取り時に減らすことはありません。銀行預金はこのように、損失が出ないところに安全性、安定性があります。

最近は銀行などの金融機関は、預金金利が低いので、余剰資金を投資信託などに回すように勧め、窓口業務を拡大して幅広い顧客獲得を目指しています。各金融機関は、給与振り込みや公共料金引き落とし、クレジット決済口座などに加えて、さまざまな投資型金融商品を紹介し、顧客のメインバンクとして、総合的なファイナンシャルコンサルティング機能を強化するようになってきました。

注目すべきは、銀行での投信や保険の販売取り扱いでは、手数料がかかります。投信の売買に伴う手数料は、銀行や証券会社によって、また購入するファンドによって金額に差異があります。

一般に、購入時に購入手数料が、運用期間中（銀行等に保管中）には管理費用（「信託報酬」と呼ばれます）が、さらに売却して換金するときには、換金手数料が必要になります。購入にあたっては、手数料がどれだけかかるのか正確な説明を求めることが必要です。証券会社に出向くのは面倒という人は、ネット証券会社があります。手数料も銀行に比べて安い場合が多くなっています。

保険の販売手数料についても、各銀行間で異なっています。銀行にとって保険商品の扱いは、大きな手数料収入となるので、各行競って力を入れています。消費者が一時払い終身保険などの保険商品を購入するときに、直接手数料を支払うことはありませんが、2016年春には銀行の窓販による保険市場は5兆円を超えました。取扱額や取扱商品に応じた手数料が保険会社から銀行に支払われ、銀行にとっては保険商品の販売は大きな収入源となっていますが、元本保証でない保険もあるので、購入にあたっては注意が必要です。

## 確実に貯める方法

毎月決まって貯金をしようと年の初めに決心しても、なかなか思うように貯金できない経験は誰にもあると思います。その点で、税金や社会保険料と同じように、会社が給料から強制的に天引きする**社内預金**や**財形**を利用してみることを勧めます。

社内預金は企業によってはないところも多いでしょうが、通常金利より高く設定されていて利用価値は高いものがあるでしょう。また、財形は**勤労者財産形成貯蓄**と呼ばれるもので、貯蓄の基本とも言われます。現在は多くの事業所が財形制度を導入しているので、確認してみるといいでしょう。

財形には3種類あって、①**一般財形**②**住宅財形**③**財形年金**と呼ばれます。①の一般財形は、教育費や旅行など使途自由の貯蓄、②の住宅財形は住宅取得を目的とした積立て。③の財形年金は60歳以降に受け取るもの。一般財形は通常の預金と同様に課税対象ですが、住宅財形と財形年金は合わせて550万円までは非課税として、若い人たちの貯蓄を促しているものです。

確実に貯めるコツは、貯めようと意識することなく、結果的に貯まっていく方法をいかに選択するかにあります。財形の利用もその一つですが、銀行の積立型の預金も効果的です。

給与振り込み日やその翌日を毎月の積立日に指定して、毎月3万円などと決まった金額を貯めるやり方です。

ただし、解約時（引き出し時）の条件などを確認しておく必要があります。最近は、**従業員持ち株制度**を導入して、持株会のメンバーとして毎月少しずつ自社株を購入する例も多くなりました。これも、知らず識らず総額が大きくなっていくと同時に、中長期の保有で株価が上がっていれば、より大きな資産を形成していることになります。

## 各金融商品の紹介と特長

### 普通預金と定期預金

銀行預金は子どもの頃から経験があると思います。何でもないことのようですが、手元に置いておくよりは、安心ですし、貯めておいて大きな買い物をするときのために留保できる、実にうまくできたツールといえます。

ここでは**総合口座**の理解をしておきましょう。最近はポイントパックなどの名称で、各金融機関（銀行等）は、**普通預金**や**定期預金**に加えて、給与振り込みや住宅ローン返済、クレジットカード決済などをひとまとめにして口座を管理することを勧めています。ほとんどの人は、**キャッシュカード**（クレジットカード機能も併せ持つものが主流）を利用していますから、通帳を持ち歩くことも少なくなりました。しかも、通帳を発行せず、ウェブ通帳という形式を利用する人も増えています。また、自身の口座からの振り込みや送金、定期預金への振替えなど、ネット上の操作で24時間できますから、**インターネットバンキング**を活用する人も拡大しています。ただ預けているという感覚ではなくて、出し入れ自在に自分の大きな財布をマネジメントしているという感覚かもしれません。

銀行側からすれば、いろいろの利便性を提供することで、その個人のメインバンクとして利用してもらえば、さらに資産形成の案内をしたりして顧客の固定化にもつながるため、使用のつどポイントを付与するなどして、より一層の利用促進を狙っています。

インターネットバンキングは筆者自身もよく利用していますが、この頃は銀行からセキュリティ上の問題から注意喚起メッセージなどがよく送られてきます。

通常は、暗証番号（パスワード）に加えて、1分ごとに数字の組み合わせが変わるワンタイムパスワードカードを配布し、利用の度に入力を求めるなどセキュリティの強化に努めています。私たちも、暗証番号を定期的に変更するなど、安全管理には意識をもって心がけることが肝要でしょう。

## 仕組み預金

ネットバンキングと言えば、通常の預金に比べ金利が高いことで**仕組み預金**も人気があるようです。しかし、仕組み預金にはリスクがあることを忘れてはなりません。

仕組み預金は、**オプション取引**（デリバティブの一つ。将来のある期日の価格で取引する権利を売買するもの）がセットされ、銀行が定める満期まで中途解約ができない投資型商品です。外貨建てによるものもあり、銀行によっては新型定期預金などと呼ばれることもあるので、注意が必要です。仕組み預金にもさまざまなタイプがあり、初めの数年は利息を受け取れますが、その後は期間を延長するかどうかを毎年銀行が判断するものもあります。金利上昇の局面では、銀行は期間を延長するでしょうし、資金の必要が生じて換金を申し出た場合には、ペナルティとして相当な率の違約金を取られることになります。

### 外貨預金

日本円だけでなく米ドルなど外貨建ての預金をすることもできます。外貨預金もこのあとに解説するＦＸも外国通貨をめぐる取引です。外国通貨を取引する場合に知っておかなければいけないのが、**為替レート**です。為替レートというのは、通貨間の取引の際の交換比率のことです。

ニュースでは、１ドル「○円○銭」という為替レートとともに、前日に比べ円高／円安といったことに触れます。**円高**とは、外国通貨に対して円の価値が高くなることで、**円安**とはその逆です。たとえば、１ドル１００円が95円になったら円高で、反対に１ドル１００円が１０５円になれば円安です。

表現が実際と真逆に見えますが、「ドル」という商品を買うのにいくら支払わなければいけないかと考えるとわかりやすいでしょう。「1ドル」を買うのに、昨日は100円支払わなければいけなかったけれども、今日は50円でよかったとします。

あなたが100円を持っていたとすると、昨日は1ドルしか買えませんが、今日は2ドル買えることになります。同じ100円でより多くのドルを買えるということは、それだけドルに対する円の価値が高くなったということです。

日々の為替レートの動きは企業の収益に大きく影響します。よく円安だと日本の景気がよくなると言われますが、これはどういうことでしょうか。

日本の経済には自動車メーカーや電機メーカーなど、輸出型産業の会社の業績が大きな影響を及ぼします。輸出型産業にとっては、現地ドルの売上金は同じでも、日本円換算の額が増えますから、円安は大きな収益をもたらすことになるわけです。

しかし、海外旅行をする日本人にとっては、円安の場合、ドルに両替するときのレートが上がってしまいますから、けっしてよい条件にはなりません。むしろ円高傾向のときのほうが、海外旅行のタイミングの好機となります。

こうした為替レートの変動によって受ける影響を、**為替リスク**と言います。外貨取引には、この為替リスクが必ず伴います。

外貨預金は主に銀行が扱っています。米ドルやユーロだけでなく、豪ドルや馴染みの薄いものでは南アフリカの通貨である「ランド」というものもあります。これらの案内を見てみるとわかりますが、外貨預金は総じて日本の預金よりも利率が非常によくなっています。日本は長期にわたって低金利が続いていますから、これらは魅力的に見えます。

また、為替レートの変動を利用して利益を上げようと考えて、外貨預金を利用する人もいます。

たとえば100万円を用意して、その日の為替レートが1ドル＝100円なら、1万ドルの預金ができます。為替変動の様子をしばらく見て、1カ月後に円安傾向が進んで1ドル＝110円となったら、その瞬間に引き出してしまえば、110万円が手に入って、たった1カ月で10万円を稼ぐことができたことになります。

もちろん、銀行での為替取引には往復の手数料がかかりますが、基本的な仕組みはこういうことです。銀行間の決済用の為替レートは、その手数料を含んだものとなっています。

ちなみに、ある時点の東京外国為替市場で110円と表示されたときの、ドル売却レート（TTS）は111円、ドル購入レート（TTB）は109円でした。ですから、1％ほどの手数料を銀行に支払っていることになります。ドルを買うとき、ドルを売却するときの双方に手数料はかかります。

国内で日本円を両替するのに手数料がかからないのにと思うかもしれませんが、海外の通貨は国内で製造するものではなく、一つの商品なのです。かつて、日本でも両替商と言って両替して手数料を稼ぐ商売がありました。

金融機関の多くは、1ドル当たりの手数料を1円としています。「為替手数料は往復で2円」と表現したりします。

しかし、気をつけなければならないのは、為替レートの変動は必ずしも得になることばかりではないことです。先の例で言えば、1ドルが100円から1カ月後に90円になったとしたら、100万円預けたものが、90万円になってしまうということです。

ですから、外貨取引の金融商品を購入する際には、こうした為替リスクを考慮しなければならないのです。

## FXの危うさを知る

最近は外国通貨の購入でFXが比較的若い人のあいだでブームとも聞きます。FXは簡単に稼げるといったイメージがさかんにメディアに出たことも影響しているかもしれません。ＦＸは少しの資金で大きな取引ができるという旨（うま）みがありますが、同時に大きなリスクもある慎重な検討を要する投資取引です。

ＦＸ（Foreign Exchange）とは**外国為替証拠金取引**のことで、漢字で書くと何やら難しそうですが、要するにドルとかユーロなど、馴染みのある外国の通貨をその時点のレートで購入したり、値動きを見て売却して円に戻したりして利ザヤを稼ぐ取引です。

ＦＸ取引の仕組みはこうです。

もし、１ドルが98円のときに１０００ドルを9万８０００円で買っておいて、円安で１ドルが１０２円になったときに円に戻せば、10万２０００円になるので、４０００円の利益が出ます。もちろんこの例では手数料を度外視していますが、ＦＸの理屈はこういうことです。その利益の出るタイミングを狙って、外貨を購入したり売却したりするものです。

さらに、金利の低い通貨を売り、金利の高い通貨を買って金利差による利益を狙います。その金利差は**スワップ金利**と呼ばれます。

例を示しましょう。日本の金利が０・０１％、オーストラリアの金利が０・８％とすると、その差の０・７９％だけ金利差による利益を得ることができます。いま、１オーストラリアドル＝80円とすると。１万オーストラリアドルを購入するのに、80万円が必要となりますが、１年間の保有で、約６４００円の利息を稼ぎ出すことができます。でも、１００万円を用意するのはそう簡単ではないでしょう。

そこに、ＦＸ取引の最大の特徴であり、外貨預金との違いがあります。それは、少ない資金で大きな取引を可能とする証拠金取引という手法です。

**証拠金取引**は、ＦＸ取扱業者に証拠金という金額を担保にして、その何倍かの金額を取引するものです。この小さな金額を預けて、大きな金額を動かす原理を、小さな力で大きなモノを動かす梃（てこ）の原理になぞらえて、**レバレッジ効果**と表現します。

先ほどの例では、５万円という少額の資金（証拠金）で、20倍の取引をすることが可能です。つまり、１００万円分の取引を少額資金で行なえるという旨みがあります。その結果、大きな利益も期待できるというわけです。このレバレッジ効果は、証拠金の１倍から25倍までの取引が認められています。もちろん反対に大きな損失が出るリスクがあることも頭に入れておく必要があります。

ではなぜ、そうした証拠金という取引が可能なのでしょうか。**証拠金**（margin）とは、取引を確実に行なうための保証金としての性格を持つものです。実は、FX取引は、取引により生じた損益の部分のみを授受する取引で、現物取引のように代金の支払い等がありません。

そのため、取引を実際に行なう担保として証拠金を預けることを必要としているのです。こうした証拠金取引は、他にも日経225などの株式先物取引や、金先物などの商品取引などにもみられるものです。

さて、FXは株式投資とは異なって、一日の取引時間が決まっているわけではなく、24時間取引が可能という特徴もあります。逆に言えば、その仕組みを十分理解して大きな利益を狙うことも可能ではありますが、一日中為替の動きを追いかける覚悟と忍耐がない人には向かないと言えるかもしれません。

行動経済学では**ヒューリスティック**という用語がしばしば用いられます。

ヒューリスティックとは、ある問題が発生したときにその問題を簡単に解決できるようにするための手掛かりやシンボル的なものを利用して判断をくだすということを言います。とっさに直感的に判断することは必要なことですが、一方で、固定観念や外部からの影響を受けやすく誤って判断してしまう傾向もあるというものです。

とくに、投資行為のように、タイミングを逸すると大きな利益を逃したり、反対に大きな損失を被(こうむ)ってしまう傾向を持つものの場合、人間の判断ではしばしばヒューリスティックな判断をしがちです。

## 株式

**株式**の購入は、さまざまな期待や楽しみがあります。将来どのくらい株価が上がるのか、今後の景気はどうなるのか、会社の業績や株式市場への期待感から特定の企業の株式に注目して投資します。

株式を購入するということは、購入した企業の株主になるということです。ですから、経営状況などについての報告書も送られてきますし、株主総会の議決権も与えられます。

個人での株式取引は、一般に長期保有で、必要な時期に市場を見ながら売却することになるでしょう。

ただし、株式の値動きを見ながら、購入価格より上がった時点を見極めて**利益確定売り**をしたり、値下がり基調が見えてくると、損失を抑えるための**損切り**の売りをしたり、短期売買もよくあるところです。なかには、一日の値動きを注視して、購入と売却を繰り返して、一日の利益を得ようとする**デイトレーダー**と呼ばれる人もいます。

株主は株価の値上がり期待ばかりではなく、配当金や株主優待を楽しみにすることもあります。食品メーカーなどは持ち株数に応じて自社商品を年に2回送り届けたり、優待割引券を発行したりしています。もちろん株主優待制度をとらない企業も多く、上場企業では株主優待を取り入れている企業は全体の3割程度となっています。

なかには株価の上昇よりも、株主優待を楽しみに株主になる人もいます。**株主優待制度**は企業側の判断で行なうものですから、その内容が変更になったり急に中止となっても、株主として文句は言えません。そのようなとき、株主優待を目的に株主になった人は、株主であることをやめる（株式を売却する）という選択肢を検討するべきでしょう。代表的な株主優待をいくつか紹介しましょう。

東京ディズニーリゾート無料パスポート（オリエンタルランド）
全商品10％割引券（髙島屋百貨店）
国内航空券半額割引券（全日本空輸）

日清食品詰め合わせ（日清食品）
和民など6000円分食事券（ワタミ）

海外にはあまり例のない株主優待制度は、もともと個人投資家の拡大を意図して始めたものです。

**投資信託・ETF**

個別の株式は、その企業の業績によるリスクがあります。そのリスクを避けるためにはさまざまな株式などに分散投資することが必要ですが、個人では資金的にもなかなかできません。その結果、このごろは**投資信託**（略して「**投信**」）や**ETF**（上場投資信託）が人気商品となっています。

銀行法の改正で、銀行の窓口で資産形成の相談ができるようになり（長期にわたって金利が低いので、銀行も預金金利だけでは顧客を引き寄せられなくなってきたからとも言えますが）、資産作りセットなどと宣伝して、従来の円の定期預金に、投信や外貨預金を組み合わせることで、短期間ですが、定期預金金利にプレミアム金利を付けてセット販売を勧めています。

さて、投信はいくつかの株式や債券を組み合わせて一つの投資信託商品を作って販売するので、ある株式が値下がりしても、他の株式の株価が安定するなど、リスクを最小限に抑える効用があります。また、少額から購入できるので投資の初心者でも買いやすくなっています。毎月5000円ずつなどと積み立てていくタイプもあって、さらにいっそうリスクの低減化を図る商品も販売されています。

こうした投信が一般の株式や債券と異なるのは、購入や売却の時点ばかりでなく、投信の資金を預けるという意味で、**信託報酬**という手数料を毎年支払わなければなりません。投信は投資家に代わって、**ファンドマネージャー**が預かった資金を運用します。また、銀行は証券会社から受託をして窓口で販売するので、販売手数料を受け取ることになります。

投信の購入では、数多い投信の中から、自分が選ぶ**ファンド**（個別の投信は○△ファンドと呼ばれる）を決めるために、それぞれのファンドの内容が書かれた説明書に目を通す必要があります。その説明書を**目論見書**（もくろみしょ）と呼びます。

目論見書には、何を目的に何に投資しているかを示すファンドの特色、価格変動や為替変動に伴うリスクなどを示す投資のリスク、基準価額や総資産額、分配金の推移、過去の運用実績、ファンドの購入単位、購入に関わる手数料、信託報酬や税金などファンド購入により発生する諸費用（手数料）などが示されています。商品説明書ですから、内容を確認し、不明な点は取り扱い金融機関に遠慮なく質問するなどして確認しておくことが大切です。

**ＥＴＦ**（Exchange Traded Fund）とは**上場投資信託**のことで、株式のように、証券取引所に上場されるもので、証券会社を通じて取引が行なわれる投資信託です。日経平均株価あるいはＴＯＰＩＸの値動きに合わせて価格が連動するＥＴＦは、単独の株式を購入するのと異なり、比較的リスク性は低く、初めての投資を行なおうと思う人でも求めやすい金融商品といえるでしょう。最低必要投資額は10万円前後です。

一般の投資信託との違いは価格の決まり方にも見られます。ＥＴＦは上場されるので、株式と同様に、証券市場での取引時間内にリアルタイムで上下します。これに対して投資信託は、常に一日の取引の終わりにその日の価格が決定します。投資信託を購入する場合には、その日の価格で購入することになります。

販売手数料、信託報酬も異なります。ＥＴＦのほうが低めになっています。ＥＴＦ市場は投信に比べるとまだこれから発展する可能性を秘めた金融商品で、最近の経済低迷の中で、比較的安定材料として求める動きも活発になってきています。

**債券（社債、国債）**

企業が資金調達を行なう方法には、株式発行のほかに、**社債**の発行があります。株式が購入者（投資家）に投資資金を返還する責任がないのとは異なり、社債は満期まで持ち続けた購入者に額面金額の返還をしなければなりません。社債は企業から見れば資金の借入れであり、借用証書に他なりません。

債券には、会社が発行する社債のほかに、国や地方公共団体、さらには外国政府が発行するものがあります。**国債**、**地方債**、**外国債**などと呼ばれます。

株式との違いは、定期的に受け取ることのできる利子（固定金利）と満期償還日があるという点です。満期償還日には、額面金額を受け取ることができるので、安全性は高い金融商品ということができます。ただし、満期日より前に債券市場で売却することも可能ですが、マーケットでの債券価格は日々変動するので、額面金額に比べて大きく下がることもあり得ます。

$$\text{利回り}=\frac{\dfrac{(\text{額面金額}-\text{購入価格})+\text{利子}}{\text{期間（年）}}}{\text{購入価格}}\times 100$$

$$\frac{\dfrac{(1{,}000{,}000-980{,}000)+50{,}000}{5}}{980{,}000}\times 100=1.43\%$$

債券で重要な指標は、**利回り**です。利回りとは、一定期間に得られる利息が、1年当たりでいくらになるかを年利で表わしたものです。額面金額と購入価格の差額に受け取る利子を加えたものが収益で、この収益を1年当たりに換算して、購入価格で割ったものが債券の利回りとなります。

たとえば、5年満期、利率1・0%、額面金額100万円の債券を購入価格98万円で購入した場合の5年満期償還時の利回りを求めてみると、上のようになります。

**個人向け国債**には償還期間によって、3年、5年、10年のものがあります。3年、5年物は固定金利型ですが、10年国債は変動金利型となっています。また、2007年には、**新窓販国債**として、10年固定金利型が登場しています。

## 国債利回りと長期金利

わが国では、10年国債の利回りが長期金利に反映されています。国債への需要が高まれば利回りは低下し、長期金利も低下します。長期金利を代表する10年国債の利回りは、2016年1月末の日銀によるマイナス金利導入の決定により、同年3月にはマイナス0・1％となりました。長期金利の低下は、市場での資金需要を高める効果があるとされますが、企業の設備投資や個人消費が伸びない限り、経済全体を萎縮させかねません。

## 実際に、株式を買う

では実際に、株式を購入してみましょう。

株式は通常は証券会社で買います。証券会社の店頭で申し込むこともできますが、最近利用が急速に高まっているものにネット証券会社があります。いったん登録しさえすれば、24時間いつでも、どこでもスマホやPCからネットを通じて、株式の売買が可能です。

ネットの注文の画面を例示しましょう。これは**板**と呼ばれるもので、この株式のその時点の市場における売買注文の状況がわかります。売り気配の２１９５・５円に１万株とあります。合わせて１万株が、指定した値段（「**指値**（さしね）」といいます）２１９５・５円で売り注文を出していることがわかります。反対に買い注文は株価２１９５円のところに１万４０００株がついています。

図表3-4　注文状況の例

| 売気配株数 | 気配値 | 買気配株数 |
|---|---|---|
| | 成行 | |
| 620000 | Over | |
| 142000 | 2198.0 | |
| 98000 | 2197.5 | |
| 65000 | 2197.0 | |
| 36000 | 2196.5 | |
| 24000 | 2196.0 | |
| 10000 | 2195.5 | |
| | 2195.0 | 14000 |
| | 2194.5 | 23000 |
| | 2194.0 | 56000 |
| | 2193.5 | 78000 |
| | 2193.0 | 128000 |
| | 2192.5 | 245000 |
| | Under | 1205000 |

少し高値で売却を希望している人も入れれば１００万株の売り注文が全体である一方で、買い注文は１７５万株もあるという状況です。おそらく、売り手は値動きを見ていて、もう少し株価は上がると見ているのでしょう。

いずれにせよ、このままでは、売買は成立しません。ここに、**成行**（なりゆき）という文字が気配値の最上段にあります。注文するときは、値段を指定して注文を出す「指値」と、値段は指定せず市場での動きの中で売買を進めて、なんとか約定させてほしいと思う場合があります。こうした注文は指値に対して、**成行注文**と呼ばれます。

成行の買い注文の場合には、2195・5円なら1万株の範囲で売買が成立しますね。一方、成行の売り注文の場合は、2195円なら1万4000株の範囲で売買が成立します。こうしてすり合わせを重ねるうちに、また、板の状態は刻一刻変化していくのです。

取引時間中に成行の買い注文を出した場合、最も低い価格の売り注文に対応して注文が成立していきます。同様に成行の売り注文を出した場合は、最も高い価格の買い注文に対応して注文が成立することになります。

たとえば、もし仮にある時間に（ただし取引時間内）株価が2200円、最も価格が低い売り注文が2205円、最も価格が高い買い注文が2195円だとします。このとき、成行の買い注文を出すと、2195円で買えることになり、成行の売り注文を出すと、2205円で売れることになります。

実際の株式購入では、一般に取引単位は100株の企業が多いので、この企業の株を18万円ほどで購入できることになります。

## 国債を買う

**国債**は日本政府が発行する債券です。満期には10年、5年、3年などがあります。利息は年2回支払われます。購入は銀行や証券会社の窓口でできます。金融商品として国債は発行されますが、**利付国債**と**割引国債**の二つに分類されます。

利付国債は最初の説明のように、あらかじめ決められた金利によって半年ごとの利払いと、満期日の額面金額の支払いが行なわれます。これに対して、割引国債には、利子はつきませんが発行価格が額面より低い価格で販売されるものです。満期が定められ満期日には額面金額が支払われます。

取引は実際にはペーパーレス化されており、証券としての国債券は発行されず、銀行などの専用口座上の表示によって管理されています。なお、国債の信頼度は非常に高いものがありますが、発行後1年を経過すれば解約することも可能です。

長期保有目的の期間10年ものの**個人向け国債**は、5年、3年ものと異なり、変動金利なのでリスクを小さくすることができ、人気が高い商品です。

### 債券の格付け

投資対象である金融商品の安全性、健全性を示す指標（格付けと言います）は国際的にいくつかありますが、ムーディーズなどが世界的によく知られた**格付け機関**です。

さて、ムーディーズは、投資適格とする投資対象を10段階にグレードを付けており、上位から、Ａａａ、Ａａ１、Ａａ２、Ａａ３、Ａ１、Ａ２、Ａ３、Ｂａａ１、Ｂａａ２、Ｂａａ３となっています。そのほかの格付け機関では、Ｓ＆Ｐ（スタンダード・アンド・プアーズ）やＲ＆Ｉ（格付投資情報センター）、Ｆｉｔｃｈ、日本格付研究所などがよく知られています。

ちなみに、ムーディーズは日本国債に「Ａ１」（安定的）との格付けを行なっています。財政状況を見れば、日本国政府はその財源を国債発行に大きく依存し、借金まみれで国債の利払いのために国債を発行しているなどと揶揄（やゆ）されることもあります。

ただ、財政状況は他国に比べてけっして最悪な状況と呼ぶまでには至っていません。景気が好転し徐々に税収が増えていけば、国債依存度も少しずつ下がっていくものと予想されます。

## 保有する金融商品が生む所得への課税

銀行預金をはじめ、投資信託の売却、株式や債券の売却で得た利益（所得）は、もちろん課税の対象です。所得あるところに課税あり。勤労所得は生活基盤の収入ですから、さまざまな控除もあり、税率も比較的低いのですが、何もしないで時間が生み出す価値としての金融商品から生まれる利得には所得税がかかります。

たとえば銀行預金が生む利息は利子所得となり、税率20・315％（復興特別所得税を含む）、株式保有では配当金は配当所得となり、利子所得と同様に20・315％（同じく復興特別所得税を含む）、売却では譲渡所得として課税率が20・315％（復興特別所得税を含む）となっています。

多くの場合、これらの金融商品の保有や売却に関わる課税は、銀行や証券会社の個人口座に振り込まれる段階で、源泉徴収される方式を選択する場合が多いので課税されていることに気づかない場合もあるようです。

＊復興特別所得税は所得税額の２・１％、２０３７（平成49）年まで適用されます。

図表3-5　NISAの内容

| | |
|---|---|
| 非課税の対象 | 株や投資信託の売買益や配当金・分配金 |
| 非課税枠 | 毎年120万円（翌年の繰り越しはできません） |
| 期間 | 最大５年間（売却により非課税枠の再利用はできません） |
| 投資総額 | 最大600万円（累積額） |
| 制度の継続期間 | 2014年から2023年までの10年間 |
| NISA口座資格 | 20歳以上 |

## ＮＩＳＡを知っておく

ＮＩＳＡは、２０１４年からスタートした、**少額投資非課税制度**です。証券会社や金融機関にＮＩＳＡの登録をして、そのＮＩＳＡ口座で購入した上場株式や株式投資信託等の配当金や売買益を、一定の金額内であれば非課税にするというものです。

もともとイギリスの制度であるＩＳＡ（Individual Saving Account, 個人貯蓄口座）の日本版という意味でＮＩＳＡと名づけられました。非課税となる範囲は、毎年１２０万円を限度としています。２０１４年に開始され（当初の枠は１００万円でした）、２０２４年までの10年間適用されることになっています。

たとえばある企業の株式をＮＩＳＡ枠いっぱいの１２０万円で購入し、２年後の値上がり時に売却しても、その売却益の税額はゼロになります。

ＮＩＳＡを利用しない場合、およびＮＩＳＡの非課税枠を超える譲渡益については、20・315％課税されます。

また、2016年からは20歳未満の子どもに対して**ジュニアNISA**制度がスタートしました。この枠は一人当たり80万円です。したがって、夫婦と子ども二人の家族全体では、400万円までの譲渡益や配当金が非課税扱いになります。なお、ＮＩＳＡ口座の金融機関は毎年変更することも可能です。

## 投資の基本1　投資対象の分散と時間分散

金融商品にはさまざまなものがありますが、たとえば株式を1銘柄に絞り込んで運用を図るのも一つの考え方ですが、いくつかの銘柄に分けて運用をすることもできます。

ある企業の業績が思わしくなく、株価が低迷したとしても、他の企業が利益を上げて市場で評価され株価が上がってくれれば、損失より利益が上回ることもあります。

また、株式だけでなく、投資信託や、外貨預金などと対象商品を分散させてリスクのバランスを考えることもあり得ます。いずれも、1銘柄、1商品に賭けて大きな利益を狙って、その損失が発生したときの大きなリスクをとるよりは、**リスク分散**させて中程度の利益を狙ったほうが賢明な方法と言えるでしょう。

また、リスク分散の手法として、**時間分散**という考え方もあります。銀行預金以外の金融商品はリスク性を伴います。つねに市場で価格が上下に変動する商品です。購入のタイミングは重要です。市場の1カ月先の動きは誰も正確には読めません。昨日まで値上がり基調だった日経平均株価が、海外の最新の経済指標の状況や、政治変動などを受けて、にわかに値下がり基調に転じることはよくあることです。

ですから、余裕資金としての積み立てのため100万円を投資商品に回すとして、毎月10万円ずつ10カ月にわたって買い増ししていくことは、賢明なリスク分散に他なりません。ここでは、代表的な時間分散の手法であるドルコスト平均法を見ることにしましょう。

### ドルコスト平均法

株式や投信、金など価格変動する商品は、タイミングによって高値で購入してしまうリスクもあります。そこで、たとえば毎月の購入価格を一定にして、その時点の相場で購入し続け、支出を平準化させる購入方法が利用されています。これを、**ドルコスト平均法**と

図表 3-6　ドルコスト平均法による金購入

| | 1カ月目 | 2カ月目 | 3カ月目 | 4カ月目 | 5カ月目 | 6カ月目 | 総　計 |
|---|---|---|---|---|---|---|---|
| 積立額 | 3万円 | 3万円 | 3万円 | 3万円 | 3万円 | 3万円 | 18万円 |
| 金価格<br>(1gあたり) | 4,615円 | 4,644円 | 4,360円 | 4,418円 | 4,580円 | 4,658円 | 平　均<br>4,543円 |
| 購入した<br>金の重量 | 6.50 g | 6.46 g | 6.88 g | 6.79 g | 6.55g | 6.44 g | 購入量<br>39.62g |

呼びます。どちらかといえば、継続して長期にわたり積み立てるコツコツ型の資産形成と言えるでしょう。

たとえば、毎月3万円で金を購入して金地金で積み立てるケースを考えてみましょう。

上の表では、毎月の一定額の出資により、購入時点の相場（売り）で購入した結果、半年で39・62グラムを購入したことになります。平均購入価格は、1グラム当たり4543円となります。仮に積み立てをせず、18万円で6カ月目の時点で購入した場合、市場価格が4658円ですから、購入できる量は38・64グラムとなります（この計算では、地金の取扱業者への支払い手数料を考慮していません）。

**投資の基本2　長期投資**

株式などの代表的投資商品は、基本的には長期にわたって保有するのが理想的とされます。もちろん短期決戦として、デイ

図表3-7　日経平均株価と金価格の推移（1980〜2015年）

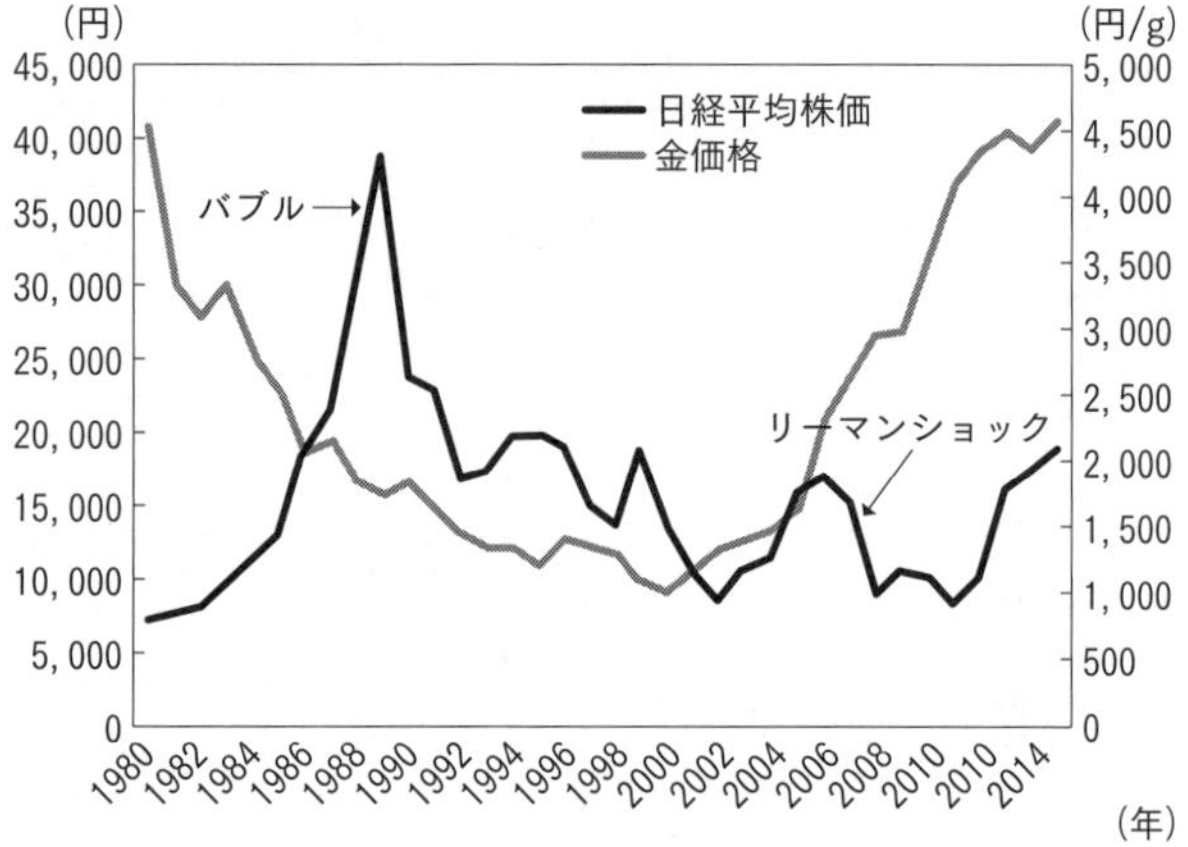


トレード（一日の値動きをパソコン上で確認しながら売買のタイミングを狙って利益を稼ぎ出す取引）で運用益を稼ぎ出す投資家もいますが、1年、2年、長ければ5年、10年と長期保有をすることで、その間には当然に価格の上下変動を繰り返しつつ、長い目で見れば購入時点に比べてゆるやかに上昇していくのが理想です。

もとより、投資で生活費を稼ぎ出すという考え方は望ましいものではありません。余裕資金の運用ですから、数年先の利益獲得をイメージして、長く保有し、その旨みを手に入れたいものです。もちろん、買ったものはあるとき売り切らないと利益が出てきません。その長期保有のなかで、タイミングをここぞと決めて、利益の確定をして売却するということになるでしょう。

保有している間には、配当金や株主優待なども受けられることも多いので、それらのメリットを享受できることも利得の一つと言えます。

株式、投資信託などの価格は景気や会社の業績を反映した、その時点での価格です。景気が回復基調となったり、業績も上昇傾向であればあるほど買い市場となり、株価や投資信託の価額は高値に向かっていきます。一方で、経済全体が縮小傾向となり停滞あるいは景気減速に向かい、また業績も不振となれば、売り市場となり市場の評価は当然に価額は低下していきます。

しかし、こうした不確実な価額の変動は、短期的には乱高下（価格の激しい上下）もありますが、5年、10年あるいは20年という長いスパンで見ると、おおむね上昇傾向にある場合は多く、株式のチャートなどを読み取るときには、20年くらいの長期のものも参考に見ておきましょう。

これまでの過去30年間ほどの日経平均株価と金価格の推移を右ページに示します。

バブル絶頂期の特殊な状況（不動産や株価の急上昇）を除けば、日経平均株価水準では2万円から1万5000円の間を一つの目安として、3～5年のスパンごとに上下にぶれながらも、その範囲内での変動にとどまっている現象が読み取れるでしょう。つまり、中長期的の保有はリスクを小さくするとみることができるでしょう。また、金融不安が広がってくると株式から現物資産（この図では金地金）への運用が拡大してきていることがわかります。

次に個別の株式や投資信託のリスクを検討してみましょう。中長期投資のリスクの大きさと短期投資のリスクの大きさを比較してみます。株式の場合、リスクは通常、標準偏差の大きさで測ることができます。標準偏差は分散の平方根ですが、数学が苦手な人は読み飛ばしてもかまいません。

たとえば、1カ月のある株式会社の株価の平均から、偏差を求め、偏差の2乗を合計したうえで要素の数で割り（これは分散）、標準偏差を求めます。つまり、株価の一定期間の変動（ばらつき）を数値化することができます。

## 利益の確定は難しい。では、どうタイミングを計るべきか

これも秘策はありませんと言ったほうが妥当でしょう。株価が上昇基調で、かつ購入時価格を上回っているので売却の好機と思って売ったら、その後さらに上昇が続いたという

こともままあることです。でも、よく考えてみれば、それも結果論で、すぐに下降局面に入ってしまい、そのタイミングで売っておいてよかったということだってあり得ます。

一般に、資金が必要で数カ月のうちに売却して現金預金に戻しておきたいというのであれば、株価の動きにしばらくは注目して、上昇局面を狙って売却するのがよいでしょう。

その場合も売却は必要な金額相当の株数でとどめて、ある程度の株数を残しておくこともリスク軽減に効果的と言えます。先ほど述べた、購入時価格を上回ったとの判断で売り切ることを、**利益確定売り**と呼び、反対に、株価下降の局面で、上昇に転ずることは近々にはないだろうと判断し購入時価格からの損失を最小限に抑えるため早めに売却することを、**損切り**と呼びます。

### 将来の不確実性を売買する（デリバティブ取引）

デリバティブという言葉を聞いたことのある人もいるでしょう。先ほど仕組み預金のところで、預金という名称だけれどもリスク性が高いと紹介しました。デリバティブとは、将来売買を行なうことをあらかじめ約束する取引（**先物取引**といいます）や、将来売買する権利をあらかじめ売買する取引（**オプション取引**）、さらにそれらを組み合わせた取引などさまざまなものがあります。

株式の売買、金の取引などの元になる金融商品の取引に、これらのデリバティブの組み込まれた商品が設計され、日々売買されています。**金融派生商品**と呼ばれることもあります。「日経225先物」、「日経225オプション」など、今日の市場では、先物取引やオプション取引は多様なものが用意され、**リスクヘッジ**（リスクを最小限に抑える工夫）や効率的な資産運用手段として活用されています。

ただし、初心者がこうした取引に手を出すには冒険であり、その仕組みを理解し利益や損失などをあらかじめ見通したうえで、余剰資金の投資手段として選択肢の一つとして検討することが望まれます。

第4講

# お金を借りる

教授「カードで買い物は便利ですが、利用したことがあるかな?」

啓「ネットで何か買おうとすれば、クレジットカードで支払うか代引きなので、よく使っています」

教授「カードで支払うということは、銀行口座から引き落とされるまでは借金していることになるけれど、そういう意識はあるかな?」

啓「借金だという意識はまったくありませんでした」

教授「スマホだって本体価格は結構するけれど、契約時に全額支払っているかな?」

啓「そういえば、実質ゼロ円とか言われて、得した気分で契約申し込みをしたんで……、払ってないのかな……」

教授「もっとしっかりしないと。契約時に分割払いを選んだ人は、本体価格は通信料に上乗せされて、通常24回払いになっているんだ。だから、これも借金で、スマホの契約をするとき、クレジット契約書にもサインしたわけだよ」

啓「でも、よく考えてみれば、企業だって借金してますよね。銀行から多額の資金を借りて事業を大きくしたり設備投資してるから、かなり大きな借金を抱えていると思いますね」

教授「確かに事業を拡大していく過程では、資金調達として銀行借入金を増やすことはごく普通のことだろう。むしろそうした資金投入によってこそ、大きな利益を増やすチャンスにもなる。でも、個人の場合は、自分の生活満足のために投入する借金だから、利益を増やすことにはつながらない。だから、借入れは常に慎重に、返済のこともよく考えて利用するようにしなければならないんだ」

## 信用について

クレジットとは、英語では**信用**という意味の言葉です。「あの人は信用できる」などと言うとき、どんな意味で使っているでしょうか。

約束ごとをきちんと果たしてくれ、普段話すことも内容がしっかりしているし、多くの仲間がその人ならついていっても安心と思うような人でしょう。反対に、信用できないという場合には、無責任な発言を繰り返したり、約束を守らず、その場の雰囲気にすぐ流されるような人でしょう。

ビジネスの世界でも「信用」はよく使われる言葉です。信用があればお金も借りられるし、他の人より多く借りることができたり、場合によっては借入金利をいくらか低く設定してもらえたりすることさえあります。

私たち個人にとってもお金を借りるうえで、信用があることが重要になってきます。

ところで、みなさんは、ふだん何気なく《お支払いは何回になさいますか？》と尋ねられたり、カード会社の勧めるまま、よくわからず**リボ払い**にしたりしていませんか。

**クレジットカード**が日本に登場してから早くも半世紀が経ちました。かつて、現金払いに慣れっ子になっていた私たちは、1950年代後半にクレジットが登場し始めたころ、最初は家庭用ミシンの月賦販売だったようですが、「月賦（ゲップ）」という言葉を嫌って、わざわざ「ラムネ」と言っていたというのは笑えます。

加速度的にクレジットカードの普及が進むのは80年代以降です。1985年には一人が平均2枚のクレジットカードを持つようになりました。

さらに、拡大に拍車がかかるのはインターネットの発達によってです。ネット通販が浸透し、誰もがオンラインで決済をするようになりました。通勤の行き帰りの合間にスマホでチケットを予約することも、音楽やゲームをダウンロードすることも可能です。

クレジットカード決済は、そうした際にも多くの人が利用していると思います。このクレジットも「信用」で成り立っているのです。当たり前ですが、クレジットの支払いが

引では手数料負担を初回払いの際に多く設定することが多くなっています）。

## 「リボ払い」は安全？

最近はテレビＣＭやインターネットなどで**リボ払い**を勧めるクレジット会社が増えています。これまでリボ払いでない通常のクレジット払いをしている人にも、リボへの変更を勧めています。この**リボ**とは何でしょうか？

リボはリボルビングの略で回転するということです。ＣＭなどではリボ払いの利便性を強調していますが、一言でいえば、毎月の返済額が一定になるということです。

たしかに、毎月２万円というように一定額の返済であれば、ショッピングや利用頻度の増減によって返済額が変わる通常の返済方式に比べ、家計管理が容易になります。つい買い物をしすぎた際に、家計への圧迫も少なく済みますので、他の支出にも影響が少なくなるでしょう。

このように支払いを翌月、翌々月へと回していくことになるので、リボルビング（回転信用）と呼ばれます。

しかし、当たり前ですが、カード利用を増やせば、一定額の返済ゆえに、返済期間が次第に伸びていくことになります。

**信用情報と信用履歴**

実は、私たちのクレジットやローンの利用実績は、一括で登録されているのをご存じでしょうか。

これらの情報は、**個人信用情報機関**であるＣＩＣ（会社表記はシー・アイ・シー）に登録されます。銀行ローンは全国銀行個人信用情報センターに登録されています。また、おもにクレジット関連の個人情報はＣＩＣに、消費者金融（ローン）関連はＪＩＣＣ（日本信用情報機構）に登録され、相互の交流を図っています。

貸付を行なう金融機関やクレジット会社などは複数の個人信用情報機関の会員会社となって、情報登録をする場合が多くなっています。いずれも利用者本人は１０００円ほどの手数料で情報開示が可能です。

この三つに分かれているそれぞれの指定信用情報機関は、相互にＣＲＩＮというシステムで相互の情報交流をしています。ただし、返済遅延や破産などのマイナス情報のみを交

**図表 4-2　個人信用情報機関**

| | CIC（シー・アイ・シー） | 全国銀行個人信用情報センター | JICC 日本信用情報機構 |
|---|---|---|---|
| 利用形態 | クレジットカード | 銀行ローン | 消費者金融 |
| 会員企業 | カード会社 | 銀行等金融機関 | 消費者金融専業 |
| 登録内容 | 申込情報（氏名、住所等）、クレジット情報（本人情報、契約時内容）、利用記録（利用事実） | 取引情報（ローンやクレジットカード等の契約内容と返済状況）の履歴、照会記録情報（申込み、契約内容）、破産等 | 本人申込情報（氏名、生年月日等）、契約内容、返済状況、取引事実（債権回収、債務整理、破産申立等） |
| 完済後の情報保有期間 | クレジット情報のみ5年、他の情報は6ヵ月 | 5年、破産等官報情報は10年 | 申込情報は6ヵ月、他は5年 |

流する仕組みになっています。それぞれの業態では、融資先を求め競争関係にあることと、一方で**多重債務問題**が社会問題化する中で求められた貸し込み競争の回避が、その主目的にあるためです。

アメリカの金融教育では、クレジットの学習で冒頭に creditworthiness（**信用力**）という項目を掲げているのを多くみます。信用力があるかないか、どうしたら信用力を高めることができるかを教えることが最も大切とあります。

そのために、まずはクレジットスコアリングを知ること、**クレジットスコア**をアップさせることが、人生をより豊かにすると続きます。

日本の金融教育では、どちらかといえばデメリットの話、利用の問題点などが中心となっています。この違いは、クレジット社会のベースが違うと考えるべきでしょう。

日本では「借金はしなければよい」という考え方ですが、アメリカでは適切に借りて返すことがよいとされるのです。

そのため、カードローンを利用するときをはじめ、銀行の各種ローンや自動車ローンを組むときなど、これまでにクレジットカードの返済が一度も遅れることなく（残高不足を生ずることなく）利用されていた記録は有効に機能します。

一方、滅多にカードを使わないから、引き出しに入れっぱなしなどという人は、むしろ信用力はないと判断されてしまいます。利用しつつ、きちんと期日に返済をしていることが、金銭管理ができているということで評価されます。

それがクレジットスコアリングというものです。アメリカのある大手スコアリング会社（ＦＩＣＯ）は３５０点から８５０点でその人の信用力を評価し、本人にも開示しています。クレジットリポートを入手するのも簡単です。

**EXERCISE**

あなたのクレジットスコアをチェックしてみましょう！

つぎの質問にハイ、イイエで答えてください。

1　毎月きちんと返済をしている　ハイ　イイエ
2　カード申し込み時点と現在の勤務先が同じ　ハイ　イイエ
3　引き落とし口座の残高を把握している　ハイ　イイエ
4　カードの利用は年に数回程度である　ハイ　イイエ

## 期限の利益の喪失

クレジットカードなどの返済が遅れると、どうなるのでしょうか？

返済期日（口座からの引き落とし日）に残高が不足したときは、延滞です。通常は本人に残高不足の連絡が入ります。督促です。留守電などの場合には、「ご連絡したいことがございますので○▽◇番までお電話をお願い致します」と残っているでしょう。それでも支払いがなされないと、遅延利息が発生します。

これらはクレジットカード契約の会員規約（約款）に示されています。ショッピングの場合、2016年3月現在で14・6％です。返済が遅れ3カ月が経過すると、一括返済を求められます。規約上は**期限の利益の喪失**と呼ばれるもので、「約束を守らなかったのだから、契約を白紙にする。分割払いの扱いを停止するので至急、一括で残金返済を求める」という意味に他なりません。

それでも返済がなければ、法的手段がとられます。**差押**（さしおさえ）と呼ばれるものです。裁判所がクレジット会社等に正当な債権（契約上の請求ができる権利）があると認めれば、差押を実行することになります。給与などが差押の対象になります。また、その事実は信用情報機関に返済遅延、差押執行等と**信用履歴**（クレジットヒストリー）として記録されることになります。

## キャッシングとカードローン

クレジットカードはショッピングで使用するばかりでなく、現金が必要なときにＡＴＭや専用機で現金を引き出すこと（**キャッシング**）ができます。便利な機能ですが、これも「借金」であることに気をつけなければなりません。

お金を借りるのですから当然、利息がつきます。その金利にも気をつける必要があります。ショッピングの場合に比べ、金利が高いのが一般的です。

また、銀行のキャッシュカードには、クレジットカード機能が付与されているものが多

くありますす。これも一枚のカードで済むので便利なのですが、意外な落とし穴がありま

す。ＡＴＭに入れる向きによって、キャッシュカード機能とクレジットカード機能が認識されることもあるので、利用の際には注意してください。自分の口座から引き出したつもりが、お金を借りていたということになりかねません。

また、最近ＣＭで見ることも多くなった、銀行の**カードローン**があります。

「来店不要」「収入証明書不要」「最短即日利用可」などの宣伝で、各銀行は消費者の利用を煽（あお）っているかのようにも見えます。金利も「年１・９％～14・６％」「最高５００万円までご融資」などど金利幅もずいぶんと広く、融資額も大きく表示しているようです。

当該銀行の口座を持たなくても借りられるとしており、審査もテレビ画面を通じて30分で行なうなどの銀行もあります。仮に、１００万円をカードローンで借入れ３年で返済するとした場合、金利14・６％の適用があったとして、毎月の返済額は３万４４６９円になるので、総返済額は１２４万８８４円、つまり24万円の利息を支払うことになります。安易な借入れは、もちろん禁物です。

## 奨学金も借金である

学生時代に**奨学金**を受け取っていて、社会人になったいま、返済をしているという方や、現在、奨学金を受け取っている学生の方も少なくないと思います。

なかには大学などが奨学金制度を準備しているところもありますが、それを受給できるのは少数派で、多くの人が利用しているのは、**日本学生支援機構**の奨学金ではないかと思います。

同機構の奨学金は、かつて日本育英会奨学金として給付されていたもので、かつては返還免除型の奨学金（一定期間の教育機関や研究機関に勤務を条件）もありましたが、現在は第1種（無利息）、第2種（有利息）のいずれも貸与型で返還義務があります。

貸与額も月10万円の選択も可能なので、大学4年間の利用では卒業時に約500万円という多額の借金を抱えることになり、毎月の返済負担が家計を圧迫することもしばしばです。

日本学生支援機構の奨学金も、卒業後の返還の過程で延滞者が拡大し、3カ月以上の延滞によって全国銀行個人信用情報センターに登録される人が多くなったといいます。また、経済事情などによる猶予の手続きを怠ったため、機構から返還を求める裁判を起こされる利用者が年間で６０００件を超え、急増しているという記事（２０１６年１月３日付東京新聞）もありました。

これからの利用を考えている方は、返済の見通しも同時に検討して、返還義務のない各大学独自の奨学金などの存在を確認するなど、安易な利用をイメージすることは避けたいものです。

**多重債務って言うけれど**

カードで買い物をしすぎたり、ローン漬けで暮らしたりしていると、気づいたら返済能力以上のお金を借りていたということがあります。そうなると、借金の返済に追われて、やがて返済のために新たな借金を重ねるようになってしまいます。

こうして、自転車操業的に借金を繰り返していくと、当然にあとから借りる会社は金利が高くなるので、一層返済に苦しむことになりがちです。

５社以上の業者から借入れをしている場合を**多重債務者**と呼んでいます。これまでには**多重債務者**が２００万人はいるとした年もありましたが、現在は１００万人レベルに下がってきているようです。

金利規制には、長いあいだ**出資法**と**利息制限法**という上限金利の異なる二重の法規制が存在していました。出資法では最高年利109・5%、一方の利息制限法では最高年利20%（元本10万円未満は20%、元本10万円以上から100万円未満は18%、元本100万円以上は15%）となっています。

しかし、利息制限法には罰則規定がなく、しかも債務者が任意で支払った利息は有効とする規定を盾（たて）に、利限法を超えた利率の業者がまかりとおっていました。

そこで、1983年に**貸金業法**を作り、出資法金利を段階的に引き下げて適用すると決めたのですが、**みなし弁済規定**という業者に都合の良い規定を入れてしまいました。これは、一定の条件の下で、利息制限法を超えた利息を取ることを認めるという規定でした。

そのため、この利息制限法と貸金業法の規定のはざまで、**グレーゾーン金利**と呼ばれる本来禁止されるべきはずの金利を消費者金融業者やクレジット会社が消費者に課して、その負担が大きくなっていました。

やがて弁護士会や消費者団体などの努力もあり、またみなし弁済規定を違法とする最高裁判決も出るようになって、2006年の貸金業法の大改正により利息制限法の金利規制に一本化されるという大きな変化がありました。

この間には、利息制限法を超えて支払っていた利息を超過利払いとして返還請求する訴訟も増えて、弁護士や司法書士を通じてこの種の返還を求めるいわゆる**過払い請求**が一般化し、現在もなお一部の弁護士や司法書士はビジネスチャンスとして、広く宣伝攻勢をかけているという事情もあります。最近は、過払い金計算ソフトもネット上にあるので自分で計算することも可能です。

クレジットカードは便利ですし、分割払いは手持ちの現金がなくても魔法のように買い物ができてしまうので、つい頼りがちです。しかし、使いすぎは多重債務の入り口でもあることに注意が必要です。

## ネットショッピング隆盛の時代

**ネットショッピング**はその市場が急速に拡大しています。その支払いも多くはクレジットカードです、主力のアマゾンや楽天をはじめさまざまな事業者が参入しています。B to C（企業と消費者の取引）、C to C（消費者と消費者の取引）を合わせてすでに国内市場で16兆円に達したといわれています（日経ビジネス２０１４年8月12日号）。

24時間いつでも欲しいものの必要なものが購入できます。しかも店舗価格より安いことが多く、支払いもカードばかりでなく、銀行振込、代引き、その他キャリア課金（毎月の通信料支払いと同時に請求）など、さまざまな決済手段も用意され、実に簡単です。どこからでもアクセスできて、ワンクリックで商品選びをして、通信料と一緒に支払う生活スタイル。スケジュール確認からメールに電話、ゲームに健康管理、家計管理までと、スマホ1台あればほとんど用が足りる時代と言っていいのかもしれません。

注意してほしいのは、支払いの管理です。リアルマネーを使用しない分、ともすれば思いつくままに購入し、後悔したり、支払い代金が膨れ上がったりしがちです。

また、個人情報を入力する関係で、不必要なメルマガや宣伝等が思いもかけず大量に送信されていることもあります。誤って注文したり、心当たりのない請求が来たりすることもあります。

クレジットカードによる支払いの場合は、預金口座からの引き落としですから、紙ベースの支払い通知を省略してWEBメールでの通知を選択した場合は、盗み取られた暗証番号やパスワードなどで商品購入をして、高額の引き落としに何カ月も気づかないといったこともないわけではありません。口座の残高などもまめにチェックしておくと安心です。

**デビットカードは海外で便利**

欧米では定着しているデビットカードですが、意外にデビットカードは日本では認知度が低いといわれています。

デビットカードは、クレジットカードとは異なり、預金口座と一体となっているので、預金口座残高の範囲内なら使用可能ですし、使用限度額の設定もできます。しばらく前からJ-debitと呼ばれる機能がスタートし、通常の銀行のキャッシュカードをデビットカードとして使うことが可能でした。デパートや大型小売店などで、現在も使える機能ですが、世間への浸透はいまひとつで利用も伸びていないとされています。

デビットカードの場合、その利用に伴う決済口座の預金残高から、利用時に引き出されて支払われるので、クレジットカードのように後払いにはなりません。その分、使いすぎや借金が増えていくといった心配が一切ないところに特徴があります。

最近のデビットカードは、キャッシュカードとデビットカード機能を備えたものが大手銀行はじめ、地方銀行等から発行され利用が増えています。デビットカードで支払いが行なわれると、利用者の預金口座からリアルタイムで資金が引き落とされます。また利用後には利用を示すメールが本人に届きます。

海外留学をする家族に自身のカードを持たせて、使用ごとにメールが親元に届くことで、安否確認に利用しているという話もよく聞きます。海外では、現地通貨をATMから引き出せるなど、便利な機能もあり、今後利用が拡大する可能性の高いカードと言えるでしょう。

## 信用と担保

これまで見てきたように、クレジットカードは、その人の返済能力（＝信用）を審査して利用の権利をクレジット会社が与えているものです。

その人物の性格や態度を見ているのではなく、給与などの収入に基づく返済が、その信用の裏付けとなっていることを忘れてはいけません。いわば融資の見返りとしての保証です。お金を借りるときに**保証人**を立てることを要求されることがあります。その場合も保証人の資力が問われます。

こうしたお金を借りるときに、万一の返済不能などの場合に備えて貸す側が確実に確保するものを**担保**と言います。その昔、質屋が繁盛（はんじょう）した時代がありました。お金に困って家にある時計や宝石、着物などの高価なものを質屋に預けて、店の人がその商品価値を鑑定して、資金を貸し付ける商売です。約束の期日に資金と期間に応じた利息を支払って、預けた物品を返してもらうというものでした。いまも全国にわずかに残ってはいます。

このとき、預け入れたものがまさに**担保**です。もし、貸し付けた資金が戻らなかったら、質屋の主人は預かり品を売却して、貸付金を回収する仕組みですから、持ち込まれる物品の鑑定すなわち目利きが重要でした。返済が行なわれず質屋が預かった物品は質流れ品と呼ばれ、質屋の店内や専門業者を通じて市場で売却されていました。

住宅ローンでは、数千万単位の高額な資金を金融機関は貸し付けてくれますが、これはなぜでしょうか。その人が何十年も安定した生活をできるという保証はありません。

実は、万一のときに備えて、金融機関は住宅そのものを担保にとっているのです。担保に差し入れるといっても、借り手は住宅を手放す必要はなく、**登記**（法務局へ申請する法律上の手続き）を行なって、住宅購入者本人の所有権と同時に、金融機関が**抵当権**という権利を設定します。

抵当権という権利は強力な権利で、抵当権者（金融機関）は、住宅ローン利用者が返済不能となったときには、その住宅を売却して、住宅ローン残高を確実に回収することが可能となります。

自動車については、所有権自体が自動車ローンの設定会社に留保されることになります。つまり、返済がなければいつでも自分の会社のものとして自動車を売却できる権利（所有権）を持っていることになります。

自動車ローンを利用するオーナーの車検証を見れば、その自動車の名義人はローン会社やリース会社になっています。ですから完済するまでは、真の意味ではオーナーではありません。完済後に正式に名義人の書き換え手続きを行なって、新しい車検証を受け取ることになります。

話をクレジットカードに戻せば、前述のカード会員規約によると、「クレジット代金の支払いが終了するまで、購入した商品の所有権は留保される」と書かれています。ぜひ、確認してみてください。ですから、通販を利用し、一括払いで家電品を購入したあなたも、その支払いが口座引き落としされるまでの間は、その家電品の所有権はまだカード会社にあることを忘れてはいけません。

## 身近な人から借金できますか

カードの利用はもちろんクレジットカードを作らないとできませんし、銀行のローンを利用しようと思えば、いろいろと審査もあって面倒です。消費者金融会社は、借入れは簡単ですが、高金利です。となると、月末の給料日までのことですから、友達に頼んで、2万くらい貸してもらおうと考えたこともあるのではないでしょうか。

でも、友人や会社の同僚からお金を借りることは、けっしてよいことではありません。友人や同僚は、きっと「断るとあとで関係が悪化するかもしれない」と思い、表面上は気持ちを繕って、「いいよ、わかった」と貸してくれるかもしれません。

しかし、お金のことは後日のいざこざにつながることも少なくありません。そうしたことが起こらないように、普段から給料の3カ月分くらいを当座の貯蓄として、いつも保有しておくことが賢明と言えるでしょう。

親に甘えて借りてしまうという手もありますが、そもそも借りなければならないのはなぜかを考える必要があります。一度借り始めると、こんなに楽に借りられるならと、ついついまたお願いするという際限のない借金漬けにならないとも限りません。

その借金の使途は何でしょうか。買物、旅行、ギャンブルなど、借金癖はなかなか治りにくいものです。浪費に慣れてしまうと、中毒症状に陥ることも珍しいことではありません。買い物中毒（ショッピングホリック）やギャンブル中毒は、アルコール依存症などと並んで、本格的なメンタルケアが必要な危険な症状でもあります。

アメリカのセラピスト、ウェッソンはその著作の中で、「買い物依存症者は、①ある種の感情を避けたり、気分を良くしたりするために、買物したり浪費したりすることを常とし、②買物をしはじめる時には大変な興奮状態にあるのが、終わる頃には反省と自己非難と憂鬱な気持ちで一杯になり、③特にこれといって理由もないのに買い物の頻度が高まり、④借金がかさみ、⑤買ってきた物を使わない」と分析しています（『買い物しすぎる女たち』講談社35頁）。つまり、ハイとロウの気分の繰り返しが依存症のシグナルなのでしょう。

お金を借りる際には、安易にせずに、それが本当に必要なのか、つねに考える必要があるのです。

# 第5講

# 「大きな買い物」をする

教授「人生で大きな買い物といったら、住宅、自動車が代表的です。普段の買い物とは違って相当金額の張る商品ですから、ローンを組んで、何十年も支払わなければならない。では、家を買うのと借りるのとでは、どちらがよいと思うかい？」

啓「僕は賃貸でいいですよ。だって、借金もしなくていいわけだし、それに、またどこか気に入った街ができたら、さっと引っ越しだってできるじゃないですか。気楽な感じでいいなあ。家を買うとなると、どこに住むかとか、環境とか、いろいろ考えることがあるし、住み始めてから予想と違ったりして……」

萌（もえ）「私はやっぱり、持ち家がいいと思うわ。そこが永住の地というか、家族にとっては故郷となる場所ですもの。マンションは古くなって、いざ建て替えとなったときにも面倒そう。もちろん、住宅ローンをかかえるのは家計のマネジメントも大変と思うけれど、資産価値の高いものを手に入れられるわけだし」

啓「たしかに、賃貸では資産価値はないけれど、住宅ローンを返済する必要はないし、頭金を準備しないでその分を貯金や投資に回すことだってできると思います」

教授「二人のやり取りを聞いていると、それぞれもっともだと思う。これは、どっちが正しいということではなさそうだ。もう少しよく考えてみよう」

## 自動車を買う

人生で一番大きな買い物は、やはり不動産でしょうが、その次に大きな買い物はといえば、車でしょうか。最近はハイブリッドカーが人気ですが、数百万はする大きな買い物であることに間違いありません。

では、自動車の購入に必要な費用を考えてみましょう。ここでは新車を購入するものとしておきます。カタログや店頭に示された価格は、本体価格という車自体の値段ですので、実際にはそれに加えて、諸費用がかかります。

自動車税、自動車取得税、自動車重量税、**自動車損害賠償責任保険**（自賠責）料、車庫証明代行費用、納車費用、検査・登録・届出代行費用、リサイクル関連費用と、ざっと並べてみただけでもこんなにもあります。

これらの支払いには、車両本体価格の約2割から3割かかるとされています。さらに**任意保険**（自動車保険）料や、ナビ装着費用などいろいろな追加が出るかもしれません。

さらに、車を購入すると、ガソリン代や高速道路料金代などがかかります。いわゆる**ランニングコスト**です。そこで考え方を少し変えて、車を購入しないで車を必要に応じてレンタルするというのも一法かもしれません。

ここではまず車の購入の例をみてみましょう。

本体価格200万円、諸費用60万円とします。購入の仕方として、①現金で購入、②ローンを利用して購入、③**残価方式**を利用して購入、の3パターンを考えましょう。

①はまったく無駄がありませんね。そのときのために積み立てておいた資金で即金で購入というわけです。

②は、頭金として100万円、残額の160万円をディーラー系列の金融会社から融資を受けることにします。特別金利適用で年利2%、60回払い（ボーナス時支払い併用）としておきましょう（毎月返済分80万円、ボーナス時返済分80万円とします）。

⬇ 毎月返済額1万4022円　ボーナス時返済額9万8488円

③は、近年利用が増えているものですが、頭金なしで購入できるとして宣伝されることが多いものです。車両価格の一部をあらかじめ残価（3年後の下取り価格）として据え置いて、残り部分を分割して支払うというものです。

ここでは、36回（3年）払い型で計算します。3年経過したら、（1）新しい車に乗り換え、（2）車自体を返却、（3）車を買い取りの選択が可能というものです。ですからローンは諸費用を入れて160万円となるので、以下のような計算となります。

➡　毎月返済額2万2914円　ボーナス時返済額16万0953円
（ボーナス時返済額がややきつければ、毎月の返済額を多めに設定すれば、バランスを変えることは可能です）

3年後の返却を考えれば、3年間の利用料が総額（利子も含めて）で、約165万円ということになります。②のカーローンの場合は借入総額が169万円になるので、頭金として投入した100万円を加えて269万円で5年後に自身のものとなります。そのときの残存価値は使用状況によりどれほどかわかりませんが、乗り換えをするとして多少の下取り価格は出るでしょう。

そう考えると、多少の積み立てができるのなら、通常のローンの利用が賢明といえるかもしれません。

## 中古車の購入

自動車の購入はなかなかの大きな買い物ですから、初めての自動車の購入や若いうちの購入では、中古車を選ぶ人もいます。ここでは中古車の購入を考えてみましょう。

中古車は新車と異なり、他の人が利用したものですから、よく整備されたものを信頼のおける店で購入することが大切です。日本では個人の中古車売買は少ないですが、アメリカなどではごく一般的です。家のガレージの前に車を置いてフロントガラスに"FOR SALE"などと貼り紙をしています。

ちょっとここで、経済学の堅い話を挟ませてください。**レモンの理論**というのを聞いたことがありますか。中古車市場では質のよいものは市場に出回りにくく、マーケットが成立しにくいという学説です。

これは、もともと中古車は、買い手にとっては、事故歴とか故障歴が不安で、価格が安いほど心配になって買う意欲を失ってしまいます。一方で、売り手は大切に乗った車できれいだから少しでも高く売りたいけれど、客がなかなかついてくれないので、結局市場から撤退してしまいます。

こうして、買い手と売り手は互いに疑心暗鬼(ぎしんあんき)になりがちで、市場には質の良いものが出回りにくく、安く叩かれた質の良くないものだけが残ってしまうという状況が起きやすいという理論です。英語のlemonにはレモンの意味のほかに、欠陥車という意味もあります。酸っぱい思いをしがちということでしょうか。

レモンの理論は、経済学でいう**情報の非対称性**の理論の一例です。この点はあとで説明します。

長くなりましたが、中古車選びはやはり個人ではなく、信頼のおける中古車ディーラーで選択すべきでしょう。整備手帳やコンディションノートなどで事故歴や故障歴がないという確認をすることもでき、半年ほどの整備保証が付帯されることが一般的です。走行距離や次期の車検を、車検証などで正確に自身の目で確認することも大切です。もちろん試乗してみることは言うまでもありません。

中古車の購入費用は、新車に比べればずいぶん節約できます。中古車店の展示車には、支払総額○○万円などと大きく表示されていたりしますが、見積書でしっかり整備代、登録費用、登録代行料、保険、税金など明細を確認してから検討することが肝要です。本体価格は登録からの経過年数で大きく違ってきます。走行距離が少ない割には格安だったりするものもあります。もちろんそうした事情は納得がいくまで説明を聞くことです。

中古車は通信販売もよく目につきますが、「品質が確認できない」「納車まで車を確認できない」など、店に出向くことなく画像で確認できて購入できるメリットはあるものの、販売条件なども含めて確認に手間もかかり、あまりお勧めできません。

## 情報の非対称性について

**情報の非対称性**という言葉は、市場における商品の買い手である消費者と、売り手である事業者との相互の間において、持てる情報量の格差を指します。市場で取引が行なわれるときに、消費者は購入しようと思う商品の情報は限定的で、表示や取扱説明書などで知る以外にはありません。

一方、販売者やメーカーは、その商品の原材料の入手先や、入手日、加工日、販売者までのルート等、あらゆる情報が集積されると言えます。もちろん、消費者にとって最低限度の必要な情報は示されているとも考えられますが、中古品となると話は別で、販売者自身が把握していない使用履歴などの情報は、消費者が知りたくとも摑むことさえできません。

こうした売り手、買い手の間の情報乖離(かいり)は、情報の非対称性として現代市場システムの欠陥であるとも言われます。としますと、こうした不完全情報の市場のなかで、消費者の購入へのインセンティブは高まっていくでしょうか。むしろ、警戒をして市場はますます狭隘（きょうあい）になったり、誤った選択（「**逆選択**」といいます）を行なう危険性も潜（ひそ）んでいると言わざるを得ません。

経済学の世界では、情報の非対称性のほかにも、便益を受けるものだけが費用負担することが不可能な公共財の問題など、現代の経済社会において市場システムではどうにも効率的に資源が配分できない問題を、**市場の失敗**（欠陥）として整理しています。

もっとも、情報の非対称性を緩和させるものとして、**シグナリング効果**が挙げられます。買い手が、購入しようとする商品情報を信頼度の高いものとして認識できるものがあると、逆選択が起こりにくくなります。シグナリングの例として、評判（レピュテーション）や民間機関による認証マーク表示などが知られています。

## 車所有のランニングコスト

さて、車を所有している場合、日々のコストとして意識されるのはガソリン代でしょうが、マンションなどの場合には駐車場代がかかり、都市部では数万円のコストとしてばかにできません。そのほかに毎年5月末期限の自動車税の支払いがあります。また、法定の車検は2年ごと(新車購入の場合は最初の車検のみ3年)にあるので、その費用も支払うことになります。洗車や日常の点検は自身でやるとしても、これらはいったいどれほどの支出になるのでしょうか。一例で示してみます。

Yさん(新車購入2年目、普通乗用車3ナンバー、重量1トン、1600CC、年間走行距離5000キロ、燃費平均12キロ/L)＊車検はディーラーに出す予定。

・毎月のランニングコスト

| | | |
|---|---|---|
| ガソリン代 | 4170円 | (月平均走行417キロ、110円/L換算) |
| 駐車場代 | 1万5000円 | |
| 保険料 | 2083円 | (年間2万5000円として、車両保険含まず) |
| 自動車税 | 3292円 | (年間3万9500円) |
| 車検代 | 3333円 | (1年分4万円として高めに推定) |
| 合計 | 27,530円 | |

この計算では、購入費用を含んでいません。購入費用が諸費用を含め350万円として、この車を2度目の車検前に乗り換えるとし、売却時の下取り価格を100万円だとすると、実質250万円の車を5年で消費することになりますから、毎年50万円の価値が失われる（**減価償却**）ことになります。

月換算では4万1670円ですから、ランニングコストにこれを加えるとすれば、毎月の支出総計は6万9200円になります。約7万円、車を持つことは子どもを一人養うようなものと言われることもありますが、家計支出では大きな割合を占めることになることが理解できます。

**借入れに伴うコスト**

大都会では公共交通機関も発達していますし、駐車場代も高いので、車を持たず必要なときに借りるという選択を取る人も少なくありません。では、レンタカーを借りるコストを考えてみます。年間利用の状況は前のYさんと同様とし、毎週末にミニドライブでレンタカーを利用すると仮定しましょう。

・車の借り入れコスト（1ヵ月分）

レンタカー代　３万８８８０円（24時間まで・プリウスクラス）
ガソリン代　２５５０円

合計 41,430円

こうしてコスト計算をしてみると、所有でおよそ月７万円、レンタカーで月４・２万円です。３万円弱の節約をどうみるかは収入にもよりますが、さほど違わないと感じるなら所有を選択するという判断もあり得るでしょう。もちろん、自宅に利用可能な駐車場スペースがあるのであれば、駐車場代がかからず両者の差はかなり肉薄することになってきます。

最近はハイブリッドカー（ＨＶ車）がよく売れています。では、ハイブリッドの経済性はどうでしょうか。ＨＶ車は普通乗用車にモーターとバッテリーが加わり、新技術が駆使されている分、高額になっています。そこを燃費の良さでどこまでカバーできるかに関心が注がれます。

車種によりますが、パンフレット上は40キロ／Lという数字が目に飛び込んできます。一般にＨＶ車は、同程度の乗用車に比べて40～50万高いと言われます。ガソリンと電気併用で走るエコカーの先駆けです。仮に、一般の乗用車に示されたパンフレット上の燃費が24キロ／Lとして計算してみましょう。

　ガソリンは先ほどの計算でも使用したもので110円／Lとします。そうすると、その燃費の差は年間平均5000キロ走行として、ガソリン車が4万5800円であるのに対して、HV車は2万3000円と、年間で2万円以上の差があることがわかります（充電コストは除いています）。

　しかし、HV車の機能に伴う価格アップをこの燃費だけでペイするには、何年もかけ相当な距離を走らなければならないでしょう。しかも、バッテリーは経年劣化しますので、交換も必要です。

　コスト面だけから考えるとハイブリッドはお買い得にはならないようです。でもここで忘れてはならないのは、環境への負荷です。$CO_2$の排出量を抑え、環境にやさしい生活を実践していく人が増えることは持続可能な社会を構築するうえで欠かせません。最終の判断は購入者自身ですが、購入者が増えれば当然に、新技術による製品のコストも下がります。やがてはハイブリッド車が市場を埋め尽くす日もそう遠くないかもしれません。

## カーシェアという選択

最近、大都市圏で人気の自動車の利用法として**カーシェアリング**という方式があります。

東京や名古屋、大阪などの大都市では慢性的な渋滞もあり、通勤にはほとんどの人が公共交通機関を利用しています。マイカーをせっかく購入しても休日たまにしか乗らず、それだったらレンタカーでもいいかもしれないと考えても不思議でありません。

ここで紹介するのは、数年前から登場した乗り捨ても自在のカーシェアリングというものです。カーシェアリングとは会員登録をすることにより、会員相互の間で特定の自動車を共同使用するというサービスを指します。

短時間の利用を想定しているので、一般にレンタカーよりも安価で手軽に利用できるというメリットがあるといえるでしょう。利用者は登録料を支払って会員となり、インターネットなどで予約をし、街の中の専用の駐車場に置かれた自動車を利用して、目的地で別の専用駐車場に返却するというシステムです。

レンタカーは最低でも6時間利用が一般的のため、短時間でマイカー代わりに利用する人には便利な手段といえます。会員には個人会員だけでなく法人会員もあり、会員数もこの数年間で急速に伸び、市場参入する事業者も増えています。ガソリン代も保険料もこみこみの価格で利用できる簡便さは、レンタカーでは得られないと言えるでしょう。

カーシェアリングのコストも例示しておきましょう。

入会金（カード発行料）1550円
月額基本料 1030円
利用料 206円／15分（6時間パック4020円）
安心補償サービス 309円／利用毎

したがって、1時間の利用で1000円、2時間の利用で2000円程度となっています。タクシー利用よりは割安でしょう。ただ、難点があるとすれば、自宅から最寄りの場所にシェアリングのポイントがあるかどうかですが、最近は住宅地などでも増えてきていますし、利用可能か空き状況をスマホなどで確認もできるので、利用価値は高いと言えるでしょう。

## 住宅の購入――賃貸か持ち家か

住宅の購入は、何といっても人生でもっとも高額な買い物でしょう。第5講の最初の議論、すなわち家を購入するのと賃貸とではどちらがいいかという問いですが、さあ、どうでしょうか？

購入派と賃貸派の言い分をまとめると次のようになるでしょうか。

「毎月家賃を10万近く払っていると、年間で100万円を超える。ずっと払い続けても、自分のものになるわけじゃないと考えると、やっぱり無理しても持ち家にしようかなって思う。だって、毎月の返済額が家賃とほとんど変わらないっていうから」（購入派）

「家を持つとステイタスという感じはするけど、税金もかかるし、ローンの返済に加えて、メンテナンスもしないといけないし、大変でしょ。いつか別の場所に住みたくなるかもしれないし。だから、賃貸にしようと思う。気楽でいいわ」（賃貸派）

案外、どちらの意見ももっともだなって気もしますね。ここはコスト計算から始めてみることにしましょう。

## 賃貸物件にかかるコスト

賃貸マンションを借りるには、町の不動産屋（宅建業者）と**賃貸借契約**を結びます。家賃や礼金、敷金のほかに、不動産屋に仲介手数料を支払います。契約時に前家賃２カ月分をあらかじめ支払うのが一般的なので、契約時に礼金・敷金・仲介手数料など全部で家賃の６カ月分ほどの費用が必要になります。

あとは毎月の家賃を支払い続けることになりますが、多くの契約は２年の期間契約なので、期間が満了すると更新することになります。その際、物価上昇など経済変動によって家賃が上昇したり、更新手数料を要求されたりすることもあります。その代わり、通常使用による設備の故障（トイレづまり、水漏れ、ガス機器の故障など）は、賃貸人（家主）の費用で行なうことになるので、賃借人は連絡をするだけで費用負担は発生しません。

結局、賃貸物件のコストは家賃と契約時の費用のみということになります。

## 持ち家のコスト

購入の場合は、購入時に物件価格以外にさまざまな費用が発生します。以下に列挙してみます。

登記費用（一般に司法書士に依頼）、不動産取得税、登録免許税、印紙税（契約時）、ローン保証料、ローン手数料、団体信用生命保険、火災保険料（＋地震保険料）、不動産仲介手数料（購入価格の3％）。

ざっとこんなものです。こうした不動産購入に伴う**諸費用**は、一般に購入価格の5～8％くらいとされますので、3000万円の中古物件で最大250万円くらいになります。

この物件を頭金250万円で購入し、残金はローンとします。3000万円の住宅ローンを変動金利0・775％（当初5年、最大優遇適用金利）の銀行ローンで組んだとしましょう。35年返済として、毎月返済額は8万1576円（ボーナス月増額無し）となります。

**図表5-1　諸費用の支払先**

| |
|---|
| **仲介業者への支払い**<br>（手数料・印紙代他） |
| **司法書士への支払い**<br>（登記費用、税、印紙代他） |
| **銀行への支払い**<br>（ローン保証料、団信他） |

さらに、ここで持ち家をマンションにするのか戸建てにするかを考えてみます。

マンションの場合に、ほかにランニングコストとしてかかるものは三つ。①管理費、②修繕積立金、③駐車場代です。これらの合計は、マンションの規模や立地にもよりますが、おそらく合計で4～5万円（毎

**図表5-2　マンション・戸建ての比較**

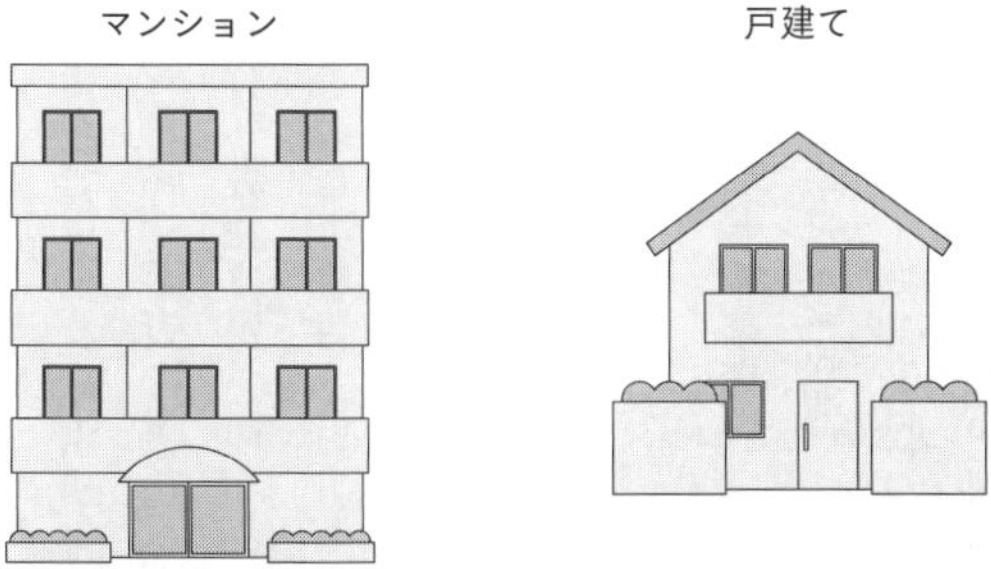


マンション

・管理費がいる
・修繕積立金を支払う
・駐車場代がかかる

戸建て

・メンテナンスは自費で
・庭の手入れなど手間がかかる
・ゴミを出せる曜日が決まっている

(共通)固定資産税を支払う必要あり

月）でしょう。戸建ての場合は、居住年数や必要に応じて修繕をする必要が生じますが、毎月2万円くらいを見積もって積み立てれば何とかなるでしょう。

　というわけで、先ほどの購入の例では、マンション購入の場合は、最大で毎月13万円ほどかかりそうです。戸建てのほうが案外安くつくかもしれません。もちろんケースバイケースですので、広さや場所、日当たりなどさまざまな角度からの検討は不可欠です。

## 住宅ローンを考える

　多くの人は住宅ローンの申し込みを銀行ですることでしょう。手続きでは、持参した源泉徴収票等で年収や勤務先が把握されます。

保証会社による個人信用情報機関への照会も行なわれ、申込者の信用履歴の確認がされます。

事前審査でローン利用が可能となれば、本申し込み、そして**金銭消費貸借契約**（ローン契約）の締結、融資の実行へと進みます。書類を持参したり、説明を聞いて確認したりで、銀行へ数回は足を運ぶことが必要になります。

一般的には、物件を紹介した不動産業者が何行かの住宅ローンを案内して、利用者が事前審査などを通じて最終判断をしていきます。万一ですが、他の借入れがあることを隠していたりしても、個人信用情報機関への照会でわかってしまいます。申し込む際には正確に伝えることが大切です。

**住宅ローンの基本事項**

**①借入金額**（ローン総額）

金融機関は一般に年収の6～7倍を最大の目安にしているようです。

これは、多くの金融機関が返済比率（年収に占める返済額の割合）を最大35％としていることによるもので、審査段階での金利を仮に3・25％とすると、2800万円の借り入れ、10年固定で35年返済の場合に、返済総額は約4700万円となります。

それを35年で単純に割り、年間返済額は約134万円。毎月返済額はボーナス月の割増し等なしで、11万1700円と計算できます。この結果をみると、年収が400万円の人なら、返済比率は約34％となり、借入額でみれば年収の7倍であることがわかります。

ただし、勤務の状況などによりますが、2016年春現在の実勢金利水準は1％台以下ですから、返済総額は減少することになります（優遇金利が適用され仮に1％とすると、同一条件で年間返済額は約95万円、毎月返済額は7万9000円と大きく減少します）。

**②ローン金利**

金利水準が低い昨今では、利用者は変動金利を選択することが多くなっています。変動金利は市場動向により、半年に一回金利の見直しが行なわれます。当初5年間は毎月返済額を据え置き、5年経過後に新規返済額の再計算が行なわれます。

固定金利では**住宅金融支援機構**の**フラット35**がよく知られています。公務員などの収入が安定している利用者では、固定金利の利用も少なくないようです。固定金利は景気変動にかかわらず、長期にわたる返済期間のあいだ、毎月返済額が変わることがない安心感があります。今後の金利水準の動向によっては、現在よりも総返済額が多くなる可能性もありますが、固定金利に比べて返済額が低く抑えられるため、変動金利の利用者が多いと言われています。

現在（2016年3月）のメガバンクの標準金利（表向きの金利水準、店頭金利とも言う）は2・475％となっています。しかし、実際には職業、年収、担保となる物件などに加え、住宅ローンを申し込む先の金融機関に、給与口座があるか、公共料金の利用はどうかなど、さまざまなポイントによって、優遇金利が適用されています。

### ③保証料

意外に忘れてはならないものに**保証料**があります。保証料は、従来の保証人に代わるもので、住宅ローンの利用者が返済不能になった場合に保証会社が支払いを引き受けるものです。

現在、ある金融機関の保証料は、借入期間35年の場合、借入額100万円につき2万688円となっています。借入額2000万の場合は一括払いで約42万円の保証料となっています。

図表5-3　保証料の目安（35年返済の場合）

| 借入額 | 一括払い型 | 金利上乗せ型 |
|---|---|---|
| 3500万円 | 72万円 | 124万円 |
| 3000 | 62 | 106 |
| 2500 | 52 | 89 |
| 2000 | 42 | 71 |

なかには、保証料ゼロを宣伝する金融機関もあります。しかし、実際には事務手数料という形で、0・2％程度をローン金利に上乗せして、その費用をとっています。結局のところ保証料をとるところとほとんど変わらないか、むしろ若干高くつく場合もありえます。

こうした事務手数料の表示は、保証料ゼロの宣伝文句に比べて、パンフレットなどで、下のほうに小さい文字で書かれていることが多く、注意が必要でしょう。

なお、注意が必要なのは、保証料を支払っているからもしもの場合にも安心と思ってばかりはいられないのです。万一返済ができなくなったときに、保証会社は確かに金融機関に本人に代わって支払ってくれますが、そのあとで、今度は保証会社が肩代わりしてくれた債務の返済を求めてきます。

④**諸費用**

印紙代、融資事務手数料、抵当権設定登記費用、抵当権設定登記手数料、住宅ローン保証料（既出）、火災保険料・地震保険料、団体信用生命保険料（ほとんどの場合ゼロ）などが諸費用です。

印紙代はけっして小さい金額ではなく、住宅ローン契約をする場合、金銭消費貸借契約書に印紙税として収入印紙を貼付します。3000万円の住宅ローンの場合には、契約書1枚につき2万円です。

⑤**団信**

**団体信用生命保険**の略。万一、住宅ローンの利用者が死亡した場合に、債務残高をゼロとして処理するための保険です。費用は銀行が負担しています。最近はがん団信、生活習慣病団信などが用意されていて、この場合は利用者負担として金利上乗せ（0.1～0.3％程度）をしています。

団信が死亡の場合に限って適用されるのに対して、がん団信や生活習慣病団信は、医師の診断で一定の要件を満たしていれば、本人存命にかかわらず借入れ本人に代わって、保険会社が残債務の返済をしてくれるものです。

なお、住宅金融支援機構のフラット35（固定金利商品）では、団信の費用負担は利用者となっていますので、保険料を支払わなければなりません。

⑥**審査**（信用履歴）

過去にクレジットカードや奨学金の支払遅延（3カ月以上）などがあると、借りられない場合があります。住宅ローンの事前審査では、前述のように個人信用情報機関に対して申し込み本人の信用履歴の確認が行なわれます。その際に、延滞記録などがあると審査の結果、保証会社等から住宅ローンが否決されてくることがあります。普段から信用履歴はとても大切であることを肝に銘じておきましょう。

⑦**繰り上げ返済**

仮に35年返済のローンを組んだからといって、35年間ずっと返済を続けなければならないわけではありません。少しでも余裕資金ができたら、**繰り上げ返済**をすべきです。

以前は、繰り上げ返済をするには、銀行などの窓口に行って手続きをする必要があり、また手数料もばかになりませんでしたが、最近は、いつでも1万円以上、1万円単位でインターネットからでも可能で、しかも手数料がかからない金融機関が増えています。多少でも資金に余裕ができたら、他の支出に優先して繰り上げ返済をしておくことは賢明です。

繰り上げ返済には、毎月の返済額を変えずに返済期間を短くする**期間短縮方式**と、毎月の返済額を軽減する**返済額軽減方式**とがあります。いずれにしても残債務が減少するので、それに伴って保証料の支払いが一括前払いの場合には、軽減されるメリットもあります。保証料が再計算され、繰り上げ返済額に見合った保証料の戻りが発生する場合には、一部返還されます。

**EXERCISE**　どれくらいお得か、繰り上げ返済をシミュレートしてみましょう。

借入額　3000万円
借入期間　35年

借入金利　1％（元利均等方式）
返済済み期間3年0カ月
繰り上げ返済額　50万円

シミュレーションの結果は…

繰り上げ前
元金残高　2781万9687円
毎月返済額　8万4685円
残り返済期間　32年0カ月

繰り上げ後
➡期間短縮型
元金残高　2725万8185円
毎月返済額　8万4685円（変わらず）
残り返済期間　31年4カ月
減少した利息分　18万5864円

**➡毎月返済額軽減型**　毎月返済額　８万３１６０円
残り返済期間　32年０カ月（変わらず）
減少した利息分　８万４２５７円

つまり、試算の結果からは、期間短縮型を選択すると、利息支払い分を毎月返済額軽減型に比べて大きく節約できることがわかります。金融広報中央委員会のホームページ**知るぽると**の繰り上げ返済シミュレーションを利用すると、すぐに金額を確認することができます。少額でも余裕ができたら繰り上げ返済を利用するとよいでしょう。

**⑧返済方式としての元利均等方式と元金均等方式**

住宅ローンの返済では、その返済方式として、毎月の返済額を一定額とする**元利均等方式**と、元金部分を返済期間全体で均分に支払っていく**元金均等方式**の二つの方法があります。計算自体は簡便にはできませんので、ネット上に公開されているシミュレーションを利用して概略を考えてみます。

借入額３０００万円、借入期間30年、ボーナス月増額返済なし、金利２％（固定）とし

**図表5-4　2つのローン返済方式**

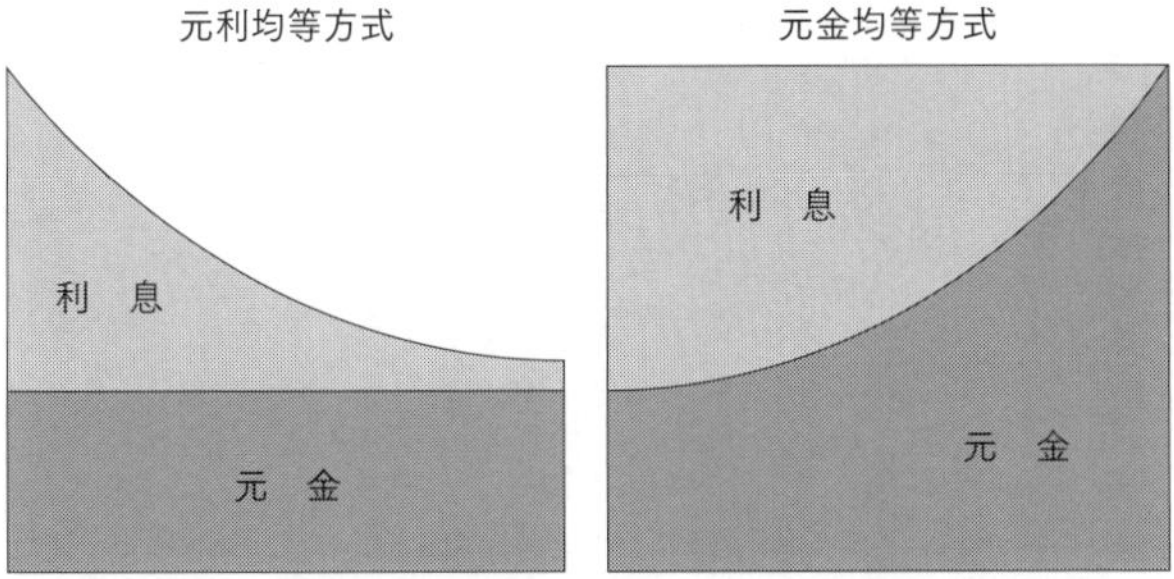


| | 毎月返済額（当初返済額） | 年間返済額 | 総返済額 |
|---|---|---|---|
| 元利均等方式 | 11万　885円 | 133万　620円 | 3991万8600円 |
| 元金均等方式 | 13万3333円 | —— | 3902万4858円 |

て計算してみると、図表5‐4のようになります。

ここでは、仮に固定金利として試算していますが、30年間で約90万円の差が出ています。元利均等方式は当初利息部分の返済比率が高く、元金部分の返済が少ないため、トータルで見ると利息支払いの総額が多くなります。一方、元金均等方式は支払利息節約型ではありますが、当初の返済額が大きくなるというマイナスもあることに留意が必要です。

# 第6講

# リスクに向き合う

教授「きみはどんな保険に入っているのかな」

啓「そうですね、家の火災保険、それに健康保険あたりでしょうか……。学生の頃は何でも補償してくれる学生共済保険とかいうのに入っていましたけど」

教授「火災保険や自動車保険は民間の保険会社が提供している商品だが、健康保険は国の社会保険事業としての公的保険だ。ところで、最近は自転車事故も多いので、自転車保険の加入者も増えているんだ」

啓「自転車保険ですか。知りませんでした。僕も駅まで自転車を使うこともあるんですよ。入ったほうがいいんでしょうか」

教授「自転車で大事故を起こして、高額賠償を求められるケースも出ている。考えてみたらどうだろう」

啓「そうですね、考えてみます。そうそう、先日職場に保険会社の方が来て、生命保険に入ってしまいました」

教授「そうか、若いのにね。貯蓄性のものならいいけど、保険の中身をしっかり確認したのかな」

## リスクとはなにか

さて、この章では保険について知っておくべきことを説明しましょう。そもそも**保険**とは何のためにあるものなのでしょうか。

最近、リスク社会とかゼロリスクとかいう言葉を耳にしたことがありませんか。私たちの生活はリスクに囲まれています。**リスク**は「危険」「恐れ」「不確実性」など、将来において発生する可能性がありうる事象や損害を指す用語です。

台風、竜巻、地震、津波、土砂災害などの自然災害や、交通事故や火災、工事現場での保護柵の倒壊などの人災、医薬品や食品、家電製品など身近な商品の使用に伴う事故・被害、さらには株式や投資信託などの金融商品運用の失敗による財産損害など、さまざまなリスクがあります。

将来のことは誰にもわかりません。こうしたリスクを、あらかじめ的確に予想し、それに対処しようとする考え方が**リスクマネジメント**です。ここでは、財産被害以外のリスクについて扱います。

## 海上保険のはなし

古い話を持ち出して恐縮ですが、その昔、十字軍遠征の時代、航海術が発達して、地中海貿易が盛んになってきます。長い航海が可能になった反面、荷主は船荷が目的地に無事着くかどうか不安も大きかったころの話です。

荷主や船主は積荷を担保にして金融業者から借金をして、無事に帰港できれば利息をつけて返済し、難破や海賊による被害などの事故で積荷を失えば返済しないという仕組みを考え出しました。これが保険の起源と言われています。

○▲海上保険のような会社名を見かけることは多いと思いますが、歴史的には海洋交易とともに保険制度が形成された原型を垣間(かいま)見ることができます。

さて、やがてビジネスとしての保険はさまざまな分野で発達していきますが、個人の生活においても安心を売り物にして、不安のない生活の代償として保険料を支払う今日の保険が幅広く展開されるようになりました。

## リスク移転としての保険

先ほどリスクマネジメントと書きましたが、将来発生する可能性のあるリスクを避けるにはどうしたらいいでしょうか。自らの車の事故を避けるには車に乗らないこと、持たないこと（これを**リスク回避**と言います）ですが、そうもいかない場合も多いでしょう。

火事に至っては、オール電化にして火を一切使わないといっても、類焼（もらい火）で被害に遭うこともあるし、落雷が火災の原因という事態も有り得ます。ガンで亡くなる方は多いですし、治療のための出費も相当な支出になっています。

こうしたリスクに備えるには、リスクを自分でかかえず、誰かに転嫁することができれば助かります。これが損害保険や生命保険の存在理由であり、私たちは自らのリスクを保険会社に一定の保険料を支払うことで、**リスク移転**をしていることにほかなりません。

**図表6-1　リスクの種類と対策**

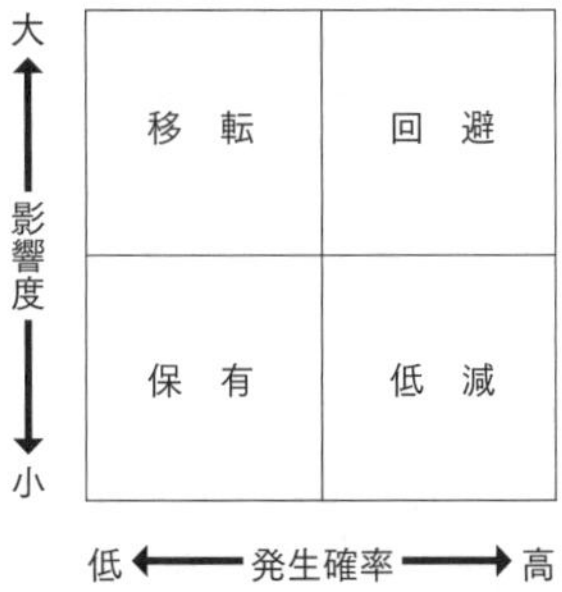


リスクを正確に認知して、そのリスクへの対策をどのようにするか考えておくことはとても大切なことです。人生には避けられないリスクも多くあります。また、リスクを自分で保有して、何らかの事態の発生に対しても、自らの責任で対処するという考え方もあり得ます。

ここでは、一般論として、リスク管理の基本を整理しておきたいと思います。

図表6‐1は、人生のさまざまなリスクを考えたとき、生活全般への影響の大きさを縦軸に、またそのリスク発生の確率の高さを横軸においてリスク管理の基本を4つのカテゴリー分布として示したものです。

リスクは、そのリスクにどう対処するかで、①保有、②低減、③移転、④回避のカテゴリー、として分類することができます。それぞれの例を挙げて考えてみましょう。

### ①リスク保有

リスクの影響力も小さく、発生確率も低いのであれば、自分自身でそのリスクを保有する（許容する）という考え方です。家にいるときや通勤・通学の途上で盗難に遭う確率は、自動車を運転する人が交通事故を起こす可能性などに比べて、かなり低いと言えるでしょう。

自動車の運転では自損事故を起こす心配はほとんどないと考えている人も多く、自動車保険（任意保険）で車両保険については節約して加入しない人は少なくありません。車両保険自体の保険料が高いので、気をつけて運転すれば、ガードレールや自宅駐車場のポールなどにぶつけることはあり得ないと思う心理が働きます。

こうした盗難事故や自損事故については、リスク発生による損失を甘受しようという判断です。これをリスク保有、あるいはリスク許容と呼んでいます。いわば自己責任を全うして、余分な支出を抑えようとマネジメントするものです。

### ②リスク低減

発生の確率はある程度高くなるけれど、生活への影響はそれほど大きくないと判断でき、リスクの低減化が自己の努力で図れるケースです。たとえば、データを紛失したり、パソコンがウイルス感染してデータが読めなくなるリスクに備えて、バックアップをこまめにとるとか、病気にかかってしまい入院や治療に大きな費用がかからないように、毎年健康診断や人間ドックを受けるなど、一定の費用と時間の負担をすることで、大きなリスク負担を回避するものです。

### ③リスク移転

交通事故にしても、火災や水害、地震など、予想がつかないところで起こりうるリスクだけれど、ひとたび発生すると多額の損害や賠償が必要になることは明らかです。

こうしたリスクは、許容して自分で対処することは到底不可能ですから、専門的にリスクを引き受けてくれるサービスを利用するのが一般的でしょう。これがリスク移転ということです。

私たちは、リスクマネジメントにおいて、保険会社や保険制度を利用することがしばしばあります。がん保険は、がんにかかったときの手術の費用など多額の出費というリスクを肩代わりしてくれるものです。

**④リスク回避**

リスクを避けるために、あらかじめリスクの芽を摘み取ってしまうのがリスク回避です。たとえば、交通事故のリスクを避けるために、乗用車を持たない、運転しないということです。

**交通事故**

このところ自転車の事故が増えています。自転車による死亡事故による賠償金額が９０

00万円を超えるというケースが報道されました。残念なことですが交通事故で毎年4000人以上の方が亡くなっています。大けがをしたり、事故で後遺症に悩む人も少なくありません。

事故を起こした当事者は、被害者の治療費や入院費用、健康を回復されるまでの費用、会社を休むことによる休業補償、精神的なダメージとしての慰謝料など、さまざまな損害を相手の方に支払わなければなりません。

万一、相手の方を死亡させてしまった場合には、その方が事故に遭遇せず生きていたと仮定して、生涯にわたる収入の保障をしなければ、家族の生活が成り立たないことになってしまいます。これは莫大な費用になります。

ここでは、そうした保障すべき費用がどのように計算されているのかを考えてみます。

**交通事故の賠償額は（事故を起こしてしまうと）**

死亡事故のケースでは……

会社員の男性（45歳）が交通事故で亡くなりました。この方の年収は500万円、家族は妻と子ども二人という例で考えてみましょう。

事故に遭わなければ得たであろう収入は**逸失利益**と呼ばれます。損害保険料率算定機構のガイドラインによれば、計算の基本として、就労可能年数を67歳までと定めています。したがって、500万円の収入をあと22年間受け取ることができたと考えます。もちろん、給与は一般に年齢や役付きによって上昇しますが、降格やリストラなど将来のことはわかりませんから、現時点のものを基準にして計算します。

次に生活費の控除という独特の方式が採られています。これは生存していれば当然にかかる生活費という性格のもので、家族構成により収入全体の金額の30%~50%となっています。このケースでは、30%として計算されています。

逸失利益=600万円×(1-0・3)×(67-45)=9240万円……①

さらに、この生涯賃金は、本来は22年間にわたり得られる将来価値であるため、一定の割引率によって現在価値を計算することになります。**割引現在価値**と呼ばれるものです。

よって、次のように計算されます。

逸失利益=600万円×(1-0・3)×13・163*=5528万円

(*ここで13・163は、ライプニッツ係数と呼ばれる係数表から、期間22年、割引率5%の割引現在価値を簡単に求める数値。損害賠償の実務で用いられる)

つまり、逸失利益として加害者が被害者に支払うべき損害額は５５２８万円となります。収入のない専業主婦の場合や、所得が賃金センサス（厚生労働省が毎月発表する雇用統計で、年齢別、産業別、性別の平均賃金等が示されるもの）の平均賃金より低い場合には、賃金センサスの年齢別、性別平均賃金が用いられることになっています。

なお、割引率の５％は、民法４０４条が定める**法定利率**を適用しています。この数値は、損害賠償などの裁判で勝訴したときに、事故や事件が発生してから実際に裁判が確定し支払われるまでの利息分としても利用されます。

ただ、過去20年間の低金利時代にそぐわない明治期に制定された当時からの高利であるとして、現在準備されている民法改正に合わせて、国会審議を経て３％に下がる見通しです。割引率が下がれば、その分、受け取る損害賠償額は大きくなることになります。

## 保険料の仕組み

保険料はどのようにして決められるのでしょうか。基本は、事故を起こす可能性（事故リスク）が高い人ほど保険料は高くなります。第１には運転者に関してですが、年齢条件、運転者限定による条件、ゴールド免許保有者の条件があります。年齢条件では「制限なし」、「21歳以上」、「26歳以上」、「30歳以上」の4区分があります。もちろん年齢制限なしの保険料は30歳以上限定の保険料の1・5倍程度に跳ね上がります。

第2には、運転者を「家族限定」としたり「本人・配偶者限定」とすることで、さらに割引になります。第3には、よく知られていますが、ゴールド免許保有者の割引があり、過去5年間の無事故無違反の安全運転ドライバーは、より高い割引が受けられます。

また、保険料には運転者の等級に応じた割引率が設定されています。等級は1年間無事故で保険使用がない場合、翌年に1等級上がる仕組みとなっています。図表6－2を参照してください。

もちろん、保険会社はビジネスで利益を上げなければなりません。そのために、実際に保険料を決定する前提には、事故発生率や支払い保険金などがベースになります。

また、最近は通信販売による自動車保険の販売が拡大して、人件費の削減による低価格の保険を販売している会社もあるので、情報収集の価値はありそうです。ただ注意したいのは、保険でカバーされる範囲や、

| | | | |
|---|---|---|---|
| 17 | 18 | 19 | 20 |
| 53 | 55 | 57 | 63 |
| 38 | 40 | 42 | 44 |

が2015年10月１日以降の保険契約

図表6-2　自動車保険料の割引率（継続契約の場合）

| 等級 | 11 | 12 | 13 | 14 | 15 | 16 |
|---|---|---|---|---|---|---|
| 無事故割引率（%）* | 47 | 48 | 49 | 50 | 51 | 52 |
| 事故有割引率（%） | 25 | 27 | 29 | 31 | 33 | 36 |

*契約始期

事故対応のシステムなど、十分に納得して購入することが望まれます。

なお、自動車購入時に法律で加入が義務付けられている自動車損害賠償責任保険は、現在の最高賠償額が3000万円（死亡時。後遺障害の場合は4000万円）ですから、事故を起こしてしまったときの備えとしてはまったく不十分と言わざるを得ません。したがって、俗に言う任意保険、つまり通常の自動車保険への加入が不可欠と思ってください。

**火災・地震**

火災保険は、持ち家でなく賃貸マンションなどでも家財に対してかけている場合が多く見られます。ここでも、耐久性、耐火性によって建物が木造と鉄筋コンクリートでは、火災事故の発生率は大きく異なります。

住宅が密集する都会地と異なり、家の間隔にゆとりがある地方の農村地域では延焼する可能性も小さいので、事故発生率も低くなります。したがって、経験値に基づき、建物の構造によって、あるいは居住地域を

3段階に分けて保険料率を決めています。それらのリスクの高さによって、支払う保険料が異なるようになっています。

最近の問題となったのは、**地震保険**を付けていない場合の地震に伴う火災は、通常の火災保険ではカバーされないことや、津波や土石流のような水害は、住宅総合保険のような単なる火災保険でなく、地震以外の建物の損壊にも支払いが行なわれる保険でないと、保険金支払いの対象外になってしまうので、契約の際に確認が必要です。

地震に関しては、地震保険への加入が不可欠です。しかも、地震保険を付けることのできる保険金額は火災保険の30%~50%で、保険金は最高額でも5000万円と制約があります。なお、30万円を超える貴金属や現金、預貯金証書、切手、また、自動車などは保険の対象外となっているので事故の際に支払いはありません。

2011年の東日本大震災のときに、津波に流され大量に浮かぶ車の光景を見た人は多いでしょう。自動車の車両保険に加入している場合を除いて、火災保険、住宅総合保険、地震保険ではカバーできない損害となってしまいました。

## 生命・身体のリスクマネジメント

私たちは、日々働くことによって生活費を稼いでいます。たとえば交通事故や病気などで働けなくなったときに、生活費をどうするのか。自分一人ではなく家族がいる場合には、遺された子どもたちの学費をどうするのか。

そうした「命のリスク」とでも呼べる万一の家族の生活保障ために、多くの人が生命保険に加入しています。生命保険には大きく分けて、貯蓄の性格を持つ満期型（貯蓄型）のもの（養老保険など）と、遺族保障型のもの（終身保険など）があります。

前者の養老保険では、あらかじめ定めた期間（満期）が到来することで、契約した金額が保険金として支払われ、一方で万一の死亡時にも契約保険金が支払われます。保険料の支払いも毎月、毎年として定期的に払い込む積立タイプと、契約時に全期間分を支払う一時払いタイプとがあります。

たとえば、満期保険金を５００万円、死亡保険金を１０００万円とする契約をイメージしてください。保険料は、他の生命保険の種類と比較すると高いものとなっています。

一時払いは、満期までの期間がかなりあるので、利回り的には高くなります。長期の定期預金といった性格のものです。

就職をすると、会社の総務係や福利厚生の担当者から、保険加入の案内を受け取ることがあるでしょう。自分に合ったものをどう選ぶのか、考えどころです。

この種の保険では、三大疾病(しっぺい)特約や特定疾患特約などの特約を伴うものも多く販売されています。保険会社は、主契約以外の特約を次々と開発し、保険料稼ぎをしている側面もありますので、あれもこれもと勧められるままに保険の対象を広げていくと、当然に支払う保険料も高額になります。

また、実際に保険金が支払われるケースは、**約款**で厳格に定められ、「初めて診断されてから60日以上の労働の制限を必要とする状態が続いていると医師が判断した場合に限られる」など、加入者本人の契約時の認識と異なる場合もあるので慎重に対応すべきでしょう。

## 保険会社をどう選ぶか

保険会社もさまざまで、最近は外資系の通販もＣＭ等でよく見かけます。どの保険会社を選び、どのような内容の保険にいくら支払って加入するべきか、簡単には決めようがないのが現実でしょう。

**図表6-3　生命保険の種類**

| 遺族補償型 | 医療保障型 | 貯蓄型 |
| --- | --- | --- |
| 終身保険 | 医療保険 | 養老保険 |
| 定期保険 | がん保険 | 学資保険 |
| 収入保障保険 | 三大疾病保険 | 個人年金保険 |

とはいえ、事故や病気にリストラ、突然の災害など、将来の不確実なことは無数に存在します。そのすべてにあらかじめ備えようとしても無理な話です。健康な若い世代ならば、生命保険や医療保険に多額の費用を負担する必要は、本当にあるでしょうか？

大切なことは、今自分がどのようなリスクを最重要視しようと考えるのか、通常の病気や事故であれば、社会保険である健康保険や労災保険に強制加入しているでしょうし、それである程度カバーはできます。

また、掛け捨ての安い保険料で万一に備えて保険に加入する方法がある一方で、毎月の積立などの貯蓄によって、いつでも払い出しが可能な資金を用意しておく手段もあります。

自分の将来にとっての不確実なリスクの大きさを考え、今すぐではなく、たとえば、結婚してからの加入を考慮するなど、保険の内容を正確に理解し、安易に保険を掛け過ぎて生活費に困ることなどないようにしなければなりません。

生命保険にもいろいろあります。上の図で、**貯蓄型**とした**養老保険**、**学資保険**、**個人年金保険**は、あらかじめ定めた期間後に保険金として満額を受け取る保険で、もっぱら貯蓄としての性格を持つものです。

ただ、銀行の積立定期預金などとの違いは、満期がくるまでの間に被保険者が死亡した場合に、保険金（満期保険金）と同額を、死亡保険金として受け取ることができるところにあります。

学資保険では、万一、満期前に契約者が亡くなった場合には、その後の保険料が免除されるものです。個人年金保険の場合、確定年金のタイプを選ぶと、期間内に契約者が亡くなっても、保険金は期限まで支払われます。

**医療保障型**のものでは、**医療保険**、**がん保険**のほかに、**三大疾病保険**（三大疾病とは、がん、心筋梗塞、脳卒中）などがあります。これらの特徴は、病気にかかり入院したり、手術を受けた場合に、給付金が受け取れるものです。昨今は医療技術の進歩とともに、医療費も高くなっていますので、これらへの備えをしようというものです。

注意を要するのは、給付金の支払い要件です。三大疾病保険では、一般に支払い条件として、がん（悪性新生物）と診断された場合、急性心筋梗塞で所定の状態になった場合、脳卒中で所定の状態になった場合、死亡・高度障害となった場合と示されます。

しかも、がんの定義では「上皮内がん、皮膚の悪性黒色腫以外の皮膚がんは除く」と、また、急性心筋梗塞では、「労働の制限を必要とする状態が診断を受けた日から60日以上継続したと医師によって診断されたとき」、脳卒中では「言語障害、運動失調、麻痺などの他覚的な神経学的後遺症が診断を受けた日から60日以上継続したと医師によって診断されたとき」などと細かく保険約款に示されています。

給付があると思っていたにもかかわらず、結局支払いが行なわれないという事態もあり得るということです。保険会社により異なる場合もあるので、加入する前に、給付条件はしっかり目を通して、わかりにくい点は説明を求めることが不可欠です。

3番目のグループの**遺族補償型**は、契約者が亡くなっても、配偶者や子どもたちが生活に困ることがないように、保険金を予定しておくものです。

**終身保険**は契約期間終了の定めがないもので、反対に定期保険は終了の期限をあらかじめ定めた保険です。終身保険では、終身保険料を払い続けるもの、退職年齢までと期限を定めて支払うもの、また、契約時に保険料を一括して支払うものもあります。

終身保険は、満期を定めず被保険者の死亡時に保険金が遺族に支払われるもののほか、期間を定め返戻金を受け取ることのできる貯蓄型のタイプもありますが、定期保険ではあらかじめ定めた期間内に死亡した場合に限って保険金が支払われます。その分、保険料は低額（掛け捨て）になっています。

＊外資系生命保険（ＡＩＧ富士、アクサダイレクト、アフラックなど）の終身保険は、この満期返戻金を売り物にしています。20代の加入で、60歳退職時の受け取り返戻金は掛け金の最大１２０％ほどになるようです。

**収入保障保険**は定期保険のニューフェイスとして登場し、契約者の死亡によって失う収入を保障するもので、毎月もしくは一時金で保険金が支払われます。年収にも関係がなく、加入者が保障額を選択するもので、掛け捨てのため保険料も比較的安くなっています。

昨今、通販で保険料を安く抑えてＣＭ展開する外資系保険会社も増えています。保険選びのひとつの選択肢となるでしょう。ただ、これまでにはＩＮＧ生命、アリアンツ生命、ハートフォード生命などの撤退が話題になったこともあります。外資系は営業マンや代理店を置かず人件費を節約し、保険料を安くしていますが、生命保険では長期にわたる商品なので、選択にあたっては慎重な判断が必要です。

最近は、家計診断でまず第一に「保険の見直し」が行なわれることが多くなっています。それだけ、保険については、その保険がどこまでの補償をしているのかを必ずしも十分に理解せずに、セールスの言われるままに加入するなど、不必要に掛け過ぎている例も少なくないと指摘されます。

病気の治療に関しても、先ほど述べたように、社会保険（健康保険や国民健康保険）による3割負担の支払いで済むばかりでなく、**高額療養費制度**も充実しており、1カ月の医療費が高額になった場合には、一定額（年収370〜770万円で、約8万円台。年収370万円以下の場合は約5万円台）を超えた部分は、社会保険から払い戻しされる制度もあります。若い人にはこの制度はよく知られていないという調査データもあるので、とくに医療機関に相談してみることも大切でしょう。

**実は年金も保険の一種**

年金は正式には年金保険というものなのです。将来の退職後の生活保障や障害を負って就労が困難になったときの生活保障として、年金はとても大切なものです。個人営業主や農業者などは国民年金保険、会社員は厚生年金保険、公務員は共済年金保険に分かれていますが、政府は、２０１５年10月から共済年金の厚生年金への統合による一本化がスタートしました。

年金保険には、**国民年金**と**厚生年金**があります。国民年金は日本に居住する20歳以上60歳未満のすべての人、厚生年金は厚生年金保険の適用を受ける会社に勤務するすべての人や公務員などが加入するものです。

国民年金は、老齢、障害、死亡により年金を受け取ることができます。また、国民年金には、第1号被保険者（農業者、学生、フリーター、無職の人など）、第2号被保険者（厚生年金保険の適用を受ける事業所に勤務する人）、第3号被保険者（第2号被保険者の配偶者で20歳以上60歳未満の人）があります。

（＊ただし、年間収入が１３０万円以上で健康保険の扶養となれない人は、第3号被保険者とはならず、第1号被保険者となります）

大学生や専門学校生のように、加入年齢である20歳時点でまだ学生である場合には、納付の猶予制度を利用することができます。就職後に、猶予期間の国民年金保険料を一括あるいは分割で支払うことができますが、２０１６年4月現在で月額1万６２６０円なので

**図表6-4　年金のしくみ**

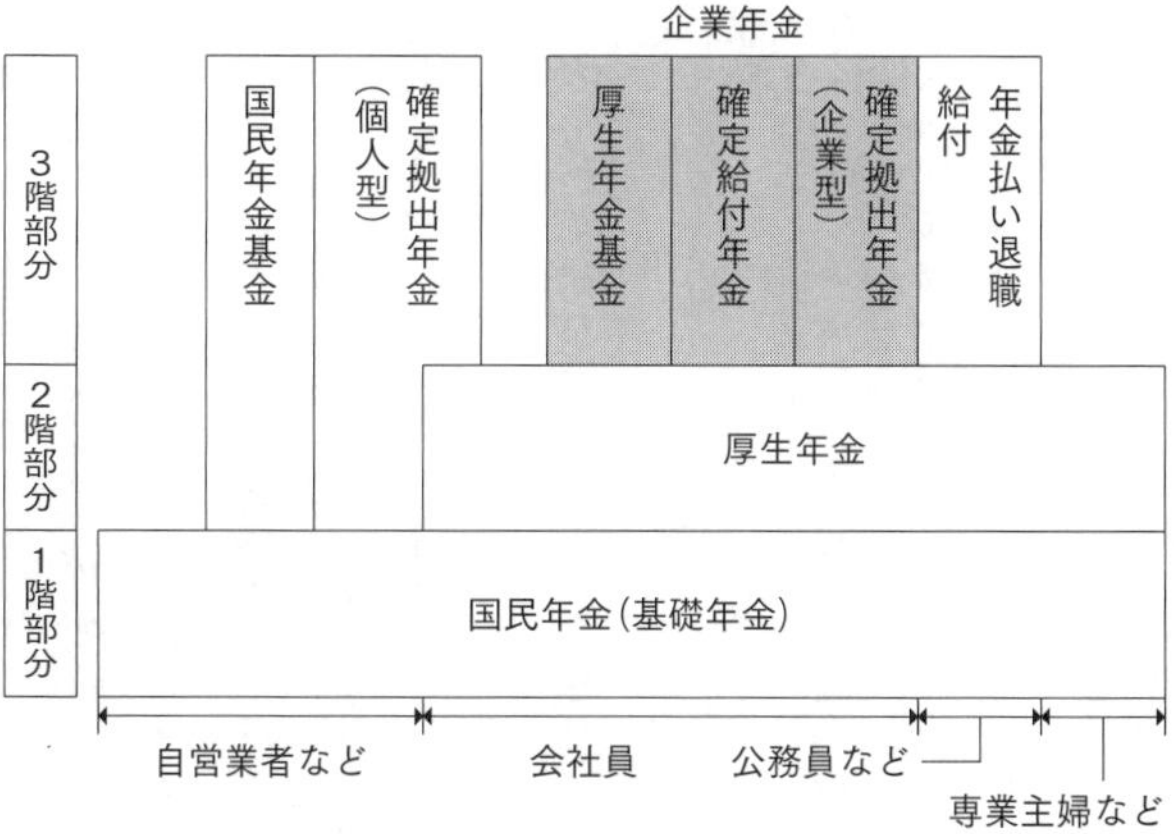


仮に2年分とすると、39万円余という新卒者には結構負担な額になるので、支払い方法もよく考えてみてください。

なお、国民年金保険料は毎年見直しがされますので、日本年金機構のHPなどで確認してみてください。

日本の年金制度は3階建てなどと言われてきました。図表6-4のように、一番下のベースに基礎年金としての国民年金があり、その上に、それぞれの働き方によって、上乗せ年金としての国民年金基金、厚生年金があります。さらに、企業などによっては企業年金がその上に用意されています。年金については、第8講で詳しく触れますので参照してください。

**健康保険（公的医療保険）**

国民健康保険、健康保険、共済組合保険があります。

会社に勤めている人は、その会社や業界などで組織された健康保険に加入しています。公務員や教員は共済組合保険です。それ以外の個人事業主や農業者、フリーの人は国民健康保険です。これらの保険では、通常の医療費は本人、家族ともに3割負担となっています。75歳以上で一定所得以下の人は1割負担です。

また、医療費が高額になった場合に、負担を軽減する高額療養費制度や、病気やケガで仕事を休んだ期間の生活保障をする傷病手当金、出産時の給付金などもあります。

**雇用保険**

労働者の生活と雇用の安定と就職の促進を目的として設計されている保険が**雇用保険**です。会社が倒産したり、リストラに遭ったり、契約期間が終了して失業したとき、生活の心配をせずに求職活動を続けるために失業給付（基本手当）が給付されます。

基本手当の支給条件は、倒産や自己の責めに帰すべき事由のない解雇の場合、離職日以前の1年間に半年以上の被保険者期間があることだけです。

支給される金額は、離職直前の６カ月の賃金の合計（賞与を除く）を１８０で割ったものを賃金日額とし、失業日数分だけが支払われます。賃金日額には上限があり、30歳未満で６４０５円、30歳以上45歳未満で７１１５円となっています（２０１４年7月現在）。基本手当を受給するためには、働く意思を持ってハローワークに行って求職活動をしていることと就職できる能力を備えていることが必要です。

労働者を週20時間以上、かつ31日以上雇用する場合には、雇用保険の被保険者となるので、事業者は所在地を管轄するハローワークへ届け出る義務があります。

**労災保険**

業務中や通勤途上で怪我をしたり、業務が原因で病気になったりした場合には**労災**（労働者災害）と呼ばれます。**労災保険**（労働者災害補償保険）は、労災があった場合に給付を受けられる制度です。保険料は全額事業者負担で、従業員の負担はありません。労災による怪我や病気は、完治するまで医療費は無料です。指定された病院で受診します（労災指定病院以外の場合は全額の立替払となります）。

以上、おおまかに見てきたとおり、勤労者は失業してしまったり、勤務中に怪我をしたりすれば、国の社会保険制度によって一定の給付を受けることができることを知っておいてほしいと思います。

# 第7講

# 買い物やお金のことで困ったら

教授「お金の使い方では、損をしないことも大切だ。きみはこれまでに何か買い物で損をしたり、後悔したりしたことはないかな?」

啓「しばらく前、通販でブランドのスニーカーを買ったんですが、届いた商品の靴底が少しはがれていたんです。でも、まあ履けないわけじゃないし、接着剤でつけて履いています」

教授「返品しなかったんだね」

啓「はい」

教授「たしかに返品したり面倒かもしれないが、満足できなかったなら、そのままにしておくというのはどうかな。納得いかなければ、きちんと対処することが消費者としても必要なんだがね。ほかにはどうだったかい?」

啓「学生のとき、友人が『いいバイトがあるから』と誘われて、出かけた先の会場で、なぜか『投資のコツ』という高額のＤＶＤを買わされそうになったという話を聞いたことがありました」

教授「それは、投資詐欺の可能性が高いね」

## ◇買い物で困ったら

### 商品にトラブルがあった際のクレジット代金

クレジットカードの申込書の裏面の細かくて薄い印刷の文字をご覧になったことがありますか？　これがクレジットカードの**会員規約**と呼ばれるものです。

クレジットカードの利用者が守らなければならない事項が示された契約条項で、申し込んだ人（すなわち契約者）はこの規約を了解したものとみなされます。規定では文字は8ポイント以上となっていますが、申し込み書裏面の規約はその一部であり、しかも文字サイズは4ポイント以下です。もちろんカード送付時に正式な規約全文を送ることになってはいますが。

この文章、しかも法律の条文のように厳格な表現のため、素人（しろうと）にはわかりにくいものばかり。「支払い停止の抗弁」という条項もこの中にあるもので、クレジット契約上の取決めの一つです。

**クレジット契約**は三者間契約とも呼ばれ、利用者、販売者とクレジット会社の三者が関係して成立しているものです。利用者であるあなたは、販売店で商品を購入し、そのレジ

### 図表7-1　クレジットカード会員規約（見本）

方法で支払うものとします。　2. 本会員は、前項の支払期日以降の任意の日において、その一部または全部につき当社
かかる費用（以下「再振替等にかかる費用」という）を負担するものとします。　3. 再振替等にかかる費用は、法令の範
等の充当順序）　本会員の弁済した金額が本規約及びその他の契約に基づき当社に対して負担する一切の債務を完済させ
りいずれの債務にも充当することができるものとします。但し、リボルビング払いの支払停止の抗弁に係る債務については
21条（手数料率、利率の変更）　リボルビング払いの手数料率、分割払いの手数料率、キャッシングリボの利率、海外キ
勢の変化その他相当の事由がある場合には、一般に行われる程度のものに変更できるものとします。この場合、第5条の
した後は、リボルビング払い及びキャッシングリボについては変更後の未決済残高または融資残高に対し、分割払い及び
更後の手数料率・利率が適用されるものとします。

第4章　期限の利益の喪失・会員資格の取消し・退会等

第22条（期限の利益の喪失）　1. 本会員は、次のいずれかの事由に該当した場合、本規約に基づく一切の債務について
のとします。　① 仮差押、差押、競売の申請、破産若しくは再生手続開始の申立等の法的な債務整理手続の申立があっ
保全差押があったとき　③ 自ら振り出した手形、小切手が不渡りになったとき、または一般の支払いを停止したとき　④
括払いの債務の履行を遅滞し、当社から20日以上の相当な期間を定めて書面で支払いの催告をされたにもかかわらず、
払うべき債務の履行を遅滞した場合及び第23条1項の規定（但し、第23条第1項第7号または第8号の事由に基づく場合を
グ払い、分割払い、2回払い及びボーナス一括払いによるカードショッピング代金を除く債務について当然に期限の利益
3. 本会員は、次のいずれかの事由に該当した場合、当社の請求により、本規約に基づく一切の債務について期限の利益を
社が所有権留保した商品の質入れ・譲渡・賃貸その他の処分を行ったとき　② 本規約上の義務に違反し、その違反が本規
したとき　4. 本会員は、第23条第1項第7号または第8号の事由により会員資格を取消された場合、本規約に基づく一切の
額を支払うものとします。　5. 本会員は、前4項の債務を支払う場合には、当社の本社へ持参若しくは送金して支払うもの
第19条第1項の但書の定めにより支払うものとします。　6. 本条第1項から第4項の定めにかかわらずキャッシングリボ、
法第1条に規定する利率を超えない範囲においてのみ効力を有するものとします。　第23条（会員資格の取消）　1. 当社
おいて会員として不適格と認めた場合は、通知・催告等をせずに会員資格を取消すことができるものとします。　① カー
家族構成等、会員の特定、信用状況の判断に係る事実について虚偽の申告をした場合　② 本規約のいずれかに違反した
た場合　④ 換金を目的とした商品購入の疑い等、会員のカードの利用状況が不適当若しくは不審があると当社が判断した
完了しない場合　⑥ 会員が死亡した場合または会員の親族等から会員が死亡した旨の連絡があった場合　⑦ 会員が、
しない者、暴力団準構成員、暴力団関係企業、総会屋等、社会運動等標ぼうゴロまたは特殊知能暴力集団等、その他これ
当した場合、または次の（1）から（2）のいずれかに該当した場合　（1）自己、自社もしくは第三者の不正の利益を図
不当に暴力団員等を利用していると認められる関係を有すること　（2）暴力団員等に対して資金等を提供し、または便宜を
こと　⑧ 会員が、自らまたは第三者を利用して、次の（1）から（5）までのいずれかに該当する行為をした場合　（1）
為　（3）取引に関して、脅迫的な言動をし、または暴力を用いる行為　（4）風説を流布し、偽計を用いまたは威力を用いて
（5）その他前記（1）から（4）に準ずる行為　⑨ 会員に対し第4条第5項または第15条第7項の調査等が完了しない場合
会員が、本会員として当社から複数のカードを貸与されている場合、他のカードについて上記①から⑨に記載した事項の
態が悪化したと認められるときも前項に準ずるものとします。　5. 本会員は、会員資格の取消後においても、カードを利
該使用によって生じたカード利用代金等について全て支払いの責を負うものとします。　第24条（退会）　1. 本会員が

での支払いにカードを提示します。一定期日ののちにクレジット会社から代金の請求が来て、あなたの口座から引き落としがされます。

もし、購入した商品に**瑕疵**（かし）（欠陥の意味）があれば、それを理由に利用者はクレジット会社からの支払い請求をストップできる権利を**支払い停止の抗弁権**と呼びます。本来なら、商品自体の責任は販売者にあって、クレジット会社は利用者に代わって立替え払いをしているにすぎませんが、消費者にしてみれば、欠陥があった商品の支払いをし続けることには納得がいかないでしょう。

クレジットの利用者は商品の購入時に、

**売買契約**と**立替え払い契約**を、販売店およびクレジット会社のそれぞれと同時に締結していることになります。かつては、商品に問題があっても、クレジットの分割金の請求は継続される（「**抗弁の切断**」といいます）というトラブルが相次ぐ時期がありました。しかし、これら二つの契約は一体であるとの考え方から、支払い請求を止める主張（「**抗弁の接続**」）が可能になりました。

## ネットショッピングでのトラブル回避

契約をして商品やサービスを入手してからでも一定期間なら、**クーリングオフ**で解約できるということを知っている人は多いでしょう。しかしこれは、無店舗販売の場合の特例ですね。リフォーム商法のような戸別訪問の悪質商法や、いわゆるキャッチセールスなどの街中での無差別的販売、次々と仲間を増やしていく**マルチ商法**のような特殊な無店舗販売にはクーリングオフが適用されます。

たしかに、インターネット上のショッピングも無店舗のようですが、実は**通信販売**にはクーリングオフの適用がないことは確実に知っておいてほしい点です。

クーリングオフは、消費者の冷静な判断ができないような状況下で契約をした場合に、一定期間の冷却期間をおいて、ほんとうに必要な契約だったか熟慮する期間として、消費者保護のために法律で定められているものです。したがって、通信販売のように自分からネットにアクセスしたり、カタログを見て注文したり、テレビショッピングで申し込みをするような、判断に時間的余裕のある中で契約ができる販売方法には、クーリングオフの適用はありません。

ただ、**特定商取引法**は、通信販売には**返品特約**の明示を義務付けています。つまり返品条項を付する（返品の可否や返送方法。返送料の負担などの明示）必要を法定しています。インターネットショッピング事業者をはじめ多くの通販業者は、8日間以上の返品可能期間を定め、その返送料を消費者負担として明示しています。もし、返品条項が明示されていない場合は、8日間の返品を可能とすると法定しています。

なお、先ほどの特殊販売におけるクーリングオフは無条件解約で、返品の費用も不要で着払いでよいのですが、通信販売における返品条項は有償での返品である点が大きく異なります。

**インターネットオークションはどうか**

通常の商品は店頭やネット上の通信販売などで購入しますが、なかには旧モデルやレアもの、あるいはブランド物を安くなどと、**インターネットオークション**で購入する人もいます。一方、自分の持ち物をオークションに出して、できるだけ高く売って、小遣いを稼ごうと考える人もいます。

オークションは競売ですから、ネットオークション市場であらかじめ定められた期間内にもっとも高い値付けをした人が落札し、購入できます。そして、購入する権利が得られたら、代金を支払って、商品の送付を受ける仕組みです。しかし、現実の競売場ではありませんから、さまざまなトラブルも発生しています。

利用にはハンドルネームなど実名でなくても登録できますが、パスワードは注意が必要です。数字だけでなく英字も大文字小文字を混ぜて使用するなど、読み取られない工夫は欠かせません。実際に、パスワードを推測して、勝手に商品を入札・落札して、不当に多額を請求するといった被害も出ているようです。

また、ネットの画面で商品の識別が難しかったり、カタログの写真だったりした場合には、入札を避けたり、出品者に遠慮なく確認をしましょう。法令に違反する海賊品の入札に参加することのないよう注意も必要です。さらには、落札した後に、送金をする際には、相手口座が詐欺行為に使用されていないかなど、オークションサイトで公開されている、トラブルが多く報告されている口座リストなどによって確認する慎重さも欠かせません。

残念ながら落札できなかった場合には、出品者とは異なる人から、「同一の商品を持っているので、よかったら買いませんか」などと持ち掛けられることもあります。この種の声掛けは、往々にしてオークション詐欺である疑いが強いので、取引を避けることが賢明です。

ネットオークションでは、品物が届かない、支払いがないなどのトラブルを避けるために、**エスクローサービス**と呼ばれる、引き渡しと支払いを確認して落札者と出品者にそれぞれ品物を届け、支払いを行なう仲介サービスもあり、若干の手数料はかかりますが利用することで安心は増すことになります。もっとも最近は、ネットオークションはすたれつつあり、フリマアプリを利用して、出品したり購入したりをキャッシュではなく、ポイントで決済するシステムの利用が若い人には人気ですから、検討してみることも賢明でしょう。

**海外ネット購入**

最近ネット上で、海外ブランド品が安く買えると宣伝する業者が増えています。一方、偽物が届く、商品が壊れている、注文品と異なる商品が届く、請求額が異なる、指定に従って前払いしたのに商品が届かないなど、トラブルも拡大しています。国内の業者であれば、交渉も可能ですが、なかには、海外の業者が直接対応している場合も少なくありません。

海外のネットショップで購入した商品を日本に送ってもらうことは、言うまでもなく輸入（個人輸入）ですから関税がかかります。万一のときの英語での交渉、文化の違い、商品が届くかなど、心配の種は尽きないものの、居ながらにして世界のものが手に入りますから、挑戦したい気持ちもわからないでもありません。一般にクレジットカード決済ですが、クレジットカードの情報の流出を危惧（きぐ）する人は、支払い代行の PayPal（ペイパル）決済が有効です。PayPal は世界２０３カ国、26通貨に対応しています。セキュリティ確保のために利用する人は多いのですが、購入額の４％程度の手数料がかかることを知っておきましょう。

海外通販や海外ショッピングなど、日本の消費者が国境を越えて海外事業者と取引を行なう機会も増え、それに伴って新たなトラブルも増加している現状から、越境トラブルに対処できる機関として、**越境消費者センター**（CCJ、Cross-Border Consumer Center Japan）が２０１５年、国民生活センター内にオープンしています。海外通販などで心配ごとがあれば、ＣＣＪのウェブサイトにメールで相談してみることを勧めます。

**エステの分割払い（特定継続的役務提供と中途解約）**

無店舗販売などを除いて、どんな商品の購入も、自分の意思でする限りは納得して購入するわけですから、購入後に撤回することはできません。しかし、エステティックサロン（脱毛、痩身、美顔など）や外国語教室、塾など、その商品の提供される内容が長期にわたるものには特例があります。その効果が簡単には現われないために、２年、３年と継続することを条件に契約を結ぶものです。

しかし、当初の期待ほど効果がみられないとか、忙しくなって通うことが困難になるなど、契約全体のサービスの提供が長期になるために、続けられないとかやめたいと思うことは誰にでもあるはずです。そのため、特定商取引法で６業種を特定して**特定継続的役務提供**と名付け、中途解約を可能としました。

そして、その経過期間に応じた解約による違約金の最高限度を定めました。指定された6業種とは、エステティックサロン、学習塾、語学教室、家庭教師、パソコン教室、結婚相手仲介サービスです（特定商取引法41条）。ただし、契約金額が5万円を超え、契約期間が2カ月を超えるものが対象となります。

たとえば、エステティックサロンに通い始めて2回だけ利用したところで、どうも行く気がしなくなったというケースで考えてみましょう。契約期間が2年間で施術が12回の契約の場合、契約金が20万円とすると、2回分＝20万÷12回×2回＝3万3333円、契約残額の10％＝（20万－3万3333）×0・1＝1万6667円となり、この額は2万円より低いので、支払うべき違約金は3万3333＋1万6667＝5万円。したがって15万円は返金されることになります。

なお、エステティックについては、医師が行なう脱毛、しみ取りなどの美容医療は対象外でしたが、国民生活センターなどへの相談が急増しているため、クーリングオフや一定期間の中途解約を認める方向で法案作りが進められています。

### 図表7-2　中途解約に伴う違約金の額

| | 役務提供前の解約 | 役務提供開始後の解約 |
|---|---|---|
| エステティックサロン | 2万円 | 提供された役務の価格と、２万円または契約残額の10％のいずれか低い額の合計 |
| 語学教室 | 1.5万円 | 提供された役務の価格と、５万円または契約残額の20％のいずれか低い額の合計 |
| 家庭教師 | 2万円 | 提供された役務の価格と、５万円または１カ月分の授業料相当額のいずれか低い額の合計 |
| 学習塾 | 1.1万円 | 提供された役務の価格と、２万円または１カ月分の授業料相当額のいずれか低い額の合計 |
| パソコン教室 | 1.5万円 | 提供された役務の価格と、５万円または契約残額の20％のいずれかの低い額の合計 |
| 結婚相手仲介サービス | 3万円 | 提供された役務の価格と、２万円または契約残額の20％のいずれか低い額の合計 |

**買ってから気づくこと**

　買ってから、しまったと思うことは誰しも経験するところですが、買った商品が使ってから何カ月も経っていないのに、壊れたとか正常に作動しないとかいうことも時にはあるでしょう。安売り店で買ったからやむを得ない、我慢しようと諦めてしまうかもしれません。

　でも、おかしいと思いませんか。たとえ安い商品だからといって商品がすぐに壊れていいはずがありません。むしろ、法律的には不完全履行であり、その製品の機能が十分に発揮されないならば**債務不履行**というものです。

　まず、**製品保証**はどうなっていたかを確かめましょう。保証が半年とか1年ついている製品なら、購入のときからその期限内は、使用者の無責任な使用による故障でなければ（通常の使用によるものなら）、販売店を通じてメーカーが無償で修理や交換をしてくれます。ですから、**レシート**や**保証書**は一緒にきちんと保管しておきましょう。

　大型家電販売店などでは、最近は海外製品の取り扱いが増えていますが、わずかな費用で販売店の長期保証が受けられる店も多いですから、後々のリスクを考えて3年とか、5年の長期保証を付けることも考慮にいれることが賢明です。

旅行や美容、ジムなどのサービス商品は返品できませんが、返金してもらうことが可能な場合もあります。先ごろ、全国展開するフィットネスジムの案内広告に、「内容に納得できなければ開始から30日間全額返金を保証する」とありながら、返金条件として「会社が承認した場合」とあり、案内が確実な返金があるものと利用希望者が誤認しかねないと、ある適格消費者団体が、そのジムに対して取り下げを求める申し入れをした結果、やがて改善されたという記事がありました。

## コンプレインレターを出す

商品を購入して、満足いかない、納得いかないというときに、まずはメーカーなりサービス提供者に苦情を申し入れたり、相談してみることは大切なことです。不満がありながら使用を諦めたり、捨ててしまうのは実にもったいないことですし、何も言わないということは、その売り手に対して、黙示の満足を表明していることと同じだからです。おそらく、何も言わないことで、第2、第3の不満足を感じる人や被害者を出し続けていくことになりかねません。

アメリカ政府の刊行物に“Consumer Action Handbook”（消費者行動ハンドブック）という

ものがあります。ネット検索できるので探してみてください。この本は、メーカーのお客様相談窓口のリストが前半に掲載され、後半は商品購入に関する諸注意、つまり賢い消費者の手引きのようなものです。

そのなかにある**コンプレインレター**に私は以前から注目していました。コンプレインレターを私は「苦情の手紙」と訳しています。コンプレイン“complain”は不満を言う、ぶつぶつ言うといった意味です。この解説と見本がとてもよくできているので紹介しておきます（原文を筆者が試訳しています）。

発信日
〔相手の会社名〕
〔カスタマーサービス部門名〕
〔所在地〕

拝啓

私はいつ［購入日］、どこで［購入店］、貴社の製品・サービス［製品名、機番、シリアルナンバーなど］を購入［利用、借用、修理］しました。

しかし残念なことに、貴社の製品・サービスは正常とは言えません。［具体的に、どんな状態か、問題点を明確に示す］正しく作動しないために［満足のいかなかった理由を明示する］私は失望しました。

そこでこの問題を解決するために、私は、［希望する解決法を示す：返金、クレジットカード口座への返金、修理、交換など］を要望します。購入の証拠として、領収書、保証書などのコピーを同封します。

私は、貴社ご担当者の返信と解決を待っています。なお、［自分が決めた期限］までに、ご回答がないようでしたら、消費生活センターなどの公的な機関に解決を求めて相談するつもりでおります。

自分自身に起こったことがらを、自身の力で解決を求めて行動することはとても大切なことです。正当な主張を、丁寧かつ明確に、望む解決に向け論理立てて示し相手に伝えることは、消費者として当然の行動と言えるでしょう。クレーマーとはまったく異なる表現方法です。むしろ、企業側は、こうした顧客の声を真摯(しんし)に受け止めて、品質管理や製品の新たな開発などにつなげていくチャンスとして捉えている場合も多いものです。

また、各自治体の**消費者相談窓口**（**188**に電話をかけると最寄りの消費生活センターにつながります）もありますので利用してみてください。

## ◇お金のことで困ったら

### 投資勧誘詐欺

世の中には、「必ず儲かる」「損はさせない」「みんなやってる」などと電話勧誘により、投資商品の購入を勧める**悪質商法**が後を絶ちません。たとえば、**未公開株**の販売や外国通貨の購入などを勧誘するインチキ業者が暗躍しています。**国民生活センター**や金融庁の**金融サービス利用者相談室**への相談においても顕著になっているようです。

未公開株とは株式市場に上場されていない株式で、証券会社を通じた売買は基本的にはありません。しかし現実には「上場間近」とか、「値上がり確実」、「あなただけに特別に譲渡します」といった手口の勧誘行為が行なわれています。未公開株は発行会社や、登録された証券会社しか売買できないもので、十分な注意が必要です。途上国などの外国通貨を代わりに購入させ、あとで何倍も高く買い取ると勧誘する商法もあります。

世の中、そんなに簡単に儲かる話があるはずがありません。そうだとしたら、それこそだれでもやってますし、そんな旨い話が本当なら、業者自身がそれを他人にわざわざシェアしたりしないで利得を貪(むさぼ)ることでしょう。

**マルチ商法**

「簡単に儲かるいい話がある」「楽しいしやりがいもある新しいビジネスだから」と友人や知人から勧められ、友人を増やすつもりでグループに入ったものの、商品の購入を勧めても購入者は増えず、在庫ばかり抱えて困ってしまうという話がよく聞かれます。

これは**マルチ商法**と呼ばれる、次々と加入者を増やしながら商品の販売網を拡大していくビジネスモデルで、ネットワークビジネスなどとも呼ばれることもあります。ねずみ講と異なり違法ではありませんが、思うようには広がらず、友人に無理して勧め人間関係を気まずくしたり、上位にあがるためには購入者を増やす必要があり、そのために借金をしてまで商品を大量に抱え込むなど問題性が指摘されています。

多くの場合は、マルチ商法であることを語らずに、パーティやセミナーなどで人を会場に集めて、楽しい雰囲気を作り上げたところで成功談を披露するなど、巧みな組織づくりが行なわれることが少なくありません。

一人が二人三人と、次々に購入者を増やしていくシステムで、ピラミッドを大きくするほどに上位者にマージンがより多く集まるシステムではありますが、そう単純に広げていくことは困難でしょう。声を掛けられても、どんな内容の集まりで、商品販売を伴うものかなどをよく考えて判断する必要があります。

**サラ金、ヤミ金**

**サラ金**はサラリーマン金融を略したもので、**消費者金融**とも呼ばれます。70年代から80年代にかけ急成長した業界でした。給与所得者（サラリーマン）に向けて、数万から数十万円の小口の借り入れを駅前やロードサイドの無人契約機で簡単に借入れができる便利さが受け、業者の数も拡大の一途となりました。

銀行などの金融機関からお金を借りるのは簡単にできませんが、サラ金は簡単な手続きと審査で借りることができました。金利が高くてもすぐに返せば、負担感も大きなものではありませんでした。

当時、「1万円を1週間借りてもタバコ1箱分の利息です」というテレビＣＭがありました。一見すると安い利息に感じられますが、当時のタバコを１５０円として計算しても、年利換算で78%という高金利です。

しかも、借り始めると業者は、次々と顧客として取り囲み、融資の枠を広げたり、利便性を盾にして過剰融資をしてきました。いわゆるサラ金問題の始まりです。

こうしてサラ金は、高金利、過剰融資、さらには厳しい取り立てなどの手法で利益を拡大すると同時に、利用者の多重債務を増幅していきました。その後、返済困難に陥り、自殺者も出るなど社会問題化するにつれて、法改正も行なわれ、段階的な上限金利の引き下げという金利規制を行なうなどしてその対策をとってきました。

しかし、問題の解決に至ることはなく、返済できなくなった利用者をカモにして、チラシやＤＭ、街角の看板などで言葉巧みに貸し付けるヤミ金を氾濫(はんらん)させてしまいます。ヤミ金は店舗を構えず、電話で呼び出して指定場所で融資するなどさまざまな手段で貸付けを行ない、違法な金利をとっては取り立てました。

今日では金利規制や融資規制を厳しくする法制度の改革が進みましたが、現在もなおヤミ金は形を変えながら、存在しています。

**ヤミ金**は、おもに消費者金融会社やクレジット利用者、事業者向けのローンの利用者で返済困難となった人を、ターゲットにしています。一般にはスポーツ紙や夕刊紙、折込チラシ、電柱の貼り紙などで「来店不要、即日融資」「テレフォンキャッシング」「ブラックOK」などと宣伝しています。返済困難な多重債務者のリストをどこからか入手して、電話攻勢をかけるヤミ金もあるようです。

現在の上限金利は年利20％ですが、それを超えて違法金利で貸付けを行なっているものもあります。取り立ても暴力的、脅迫的なものは影を潜めつつ、今度はソフトヤミ金という手口が横行しています。

ソフトヤミ金は、嫌がらせや脅迫的なイメージが強かったヤミ金とは異なり、おだやかに相談に乗ってくれて貸し付けてくれるという印象の新たな高利業者です。貸金業法の改正により、収入に対する融資規制（年収の三分の一）があるため、正規の登録業者から借りられない無職者や自営業者がターゲットになっているようです。

ネットで公的機関の名称に類似した名称（たとえば「○▽生活支援センター」など）を使用

して「お気軽に相談してください」とか、「即融資」などの言葉に踊らされて申し込んでしまう人も後を絶たないようです。万一、借りてしまいどうしたらよいか困った場合には、勇気をもって警察に被害届けを出すことが肝心です。

## 自己破産って何？（最後の手段）

世の中にはクレジットカードを使いすぎたり、キャッシングやローンを頻繁に利用したりして返済不能状態に陥る人もいます。カードは便利で資金不足のときでもいつでも私たちに味方をしてくれます。でも、そのことは、カード類を安易に利用し続けることで生活がどうにもならなくなってしまう可能性もあることを知っておくことは大切です。その意味ではクレジットやローンは両刃の剣でもあるといえるでしょう。

２０１５年の個人破産の申立件数は、６万３８４４人でした。ピーク時の２００３年（24万人）に比べれば、債務整理の形態の多様化や、貸金業法の全面改正（２００６年）も功を奏し、ぐっと減少傾向にありますが、人口比でみると成人約１６００人に一人の割合で破産を申し立てていることになります。

**自己破産**とはどういう状態を指し、申し立てた結果その後の生活はどうなるのか、この点について少し考えてみましょう。

破産とは、すべての借金が返済できず返済不能状態と裁判所が判断することです。裁判所は債務者の負債の額や、収入、資産の状況などから総合的に判断します。自己破産とは、「破産申立書」を裁判所に提出したうえで免責許可の決定をもらい、残存するすべての借金をゼロにしてもらう手続きです。

破産の決定がおりると、官報に氏名や住所が掲載され、先ほど述べた個人信用情報機関に登録されます。その結果、5〜7年間はクレジットやローンの利用はできなくなり、住宅ローンがある持家やローン支払い中の車は、破産をすることで競売にかけられたり、ローン会社に引き取られることになります。

つまり、自己破産は最終の手段と考えたほうがいいでしょう。ただし、返済に窮しそのことを誰にも知られぬよう隠し続けたり、悩み続けるのは止めて、弁護士や司法書士などの専門家に早めに相談することが大切です。自己破産の申し立ては、一から出直して生活を再建し得るセーフティネット的な性格を持つ法的手段なのです。

## セーフティネットを知っておく

**生活保護**というと他人の話と思うかもしれませんが、いざというときの大きな味方だということも知っておきましょう。

事故や病気によって働くことができなくなったり、家族との関係も断たれたりして、収入を失い日々の生活に窮するような事態は、絶対にないとは言いきれませんね。生活保護制度は、憲法で保障された基本的人権（生存権）を確保するために、国家が、一定の条件の下で必要な資金を無償で支給するものです。

いったん生活保護を申請して受給が認められたら、永久に続くというものではなく、収入が得られるようになって、基準となる最低生活費を超えれば、超過分が削減され、さらにその生活費を満たすほどになれば、当然生活保護は打ち切られます。つまり、ほんとうに困ったときは、誰もが役所に相談に出向いていくべき緊急避難の国の生活保障のサービスと考えてもよさそうです。

苦しくつらい日々を送るよりも、勇気を持って窓口に行ってみることも、ときには必要な行動であることを忘れないでください。

図表7-3　生活保護による給付内容

| | | |
|---|---|---|
| 日常とくに生活に必要な費用（食費、被服費、光熱費など） | 生活扶助 | 定められた範囲内で実費を支給 |
| アパート等の家賃 | 住宅扶助 | 定められた範囲内で実費を支給 |
| 義務教育を受けるために必要な学用品費 | 教育扶助 | 定められた基準額を支給 |
| 医療サービスの費用 | 医療扶助 | 費用は直接医療機関へ支払（本人負担なし） |
| 介護サービスの費用 | 介護扶助 | 費用は直接介護事業者へ支払（本人負担なし） |
| 出産費用 | 出産扶助 | 定められた範囲内で実費を支給 |
| 就労に必要な技能の修得等にかかる費用 | 生業扶助 | 定められた範囲内で実費を支給 |
| 葬祭費用 | 葬祭扶助 | 定められた範囲内で実費を支給 |

# 第8講

# 第二の人生に備える

啓　「先生、最近は『老後貧乏』とか『老後破産』といった言葉を目にしたりしますが、この先そんな時代が本当に来るんでしょうか」

教授「かなり誇張的な表現だが、あながち的外れ（まとはず）とも言い切れないかもしれない。君もわかるだろうが、少子高齢化はハイスピードで進行しているし、将来の年金額の減少も予想されているのも確かだ」

啓　「それは困ります。どうしたらいいんでしょう」

教授「日本人は長いこと、いざというときは国が守ってくれるというような政府への信頼が厚いというか、他人任せの国民性がある。これは問題で、自助努力で将来資産を作っていくことも大切と考えなければならない時代とも言える。昨年の国勢調査では95年ぶりに、日本の総人口が前回の調査に比べて減少したんだ。政府発表の将来推計人口では、2060年には、高齢化率が39・9％に達し、20～64歳の現役世代の一人が、1・2人の高齢者を支えなければならなくなるんだ」

啓　「本当に大変な時代が来るんですね」

## 定年退職したらどうするか

就職したばかりの若い方々にとっては、退職なんてまだ先の先、想像もつかないでしょう。

でも、いずれやってくることは間違いないことです。そして、以前は60歳だった定年が、超高齢化社会の進展によって、次第に延びて、65歳となり、この先、まだ延伸するかもしれません。それは、60歳で満額もらえていた年金が、65歳へと移行し、さらに先へ延びていく可能性が出てきているからです。

ほとんどの人の退職後の生活は、主に**年金**が頼りです。それまでにコツコツ貯めた資金や、退職金などを少しずつ切り崩して、年金の不足を補う人も多くいます。生命保険文化センターの調査では、夫婦二人だけの生活で必要な生活費の平均は、最低水準の生活でも月に22万円、少し余裕のある生活で35万円程度が必要とされています。

月35万円で１年間では４２０万円。退職後に30年生きるとして、１億２０００万円以上もの資金が必要ですね。おそらく年金は現状でみても、夫婦で平均月22万円ほどでしょうから、４０００万円前後は不足する計算になります。そこで、退職時の金融資産として最低３５００万円は確保したいと、ファイナンシャルプランナー（ＦＰ）が新聞記事などでよく語っています。

そのために、若いうちから「じぶん年金」を確保して積み立てるというのも、なんだか夢のない話のようですが、現実は厳しく、退職後のことをまったく考えずに生きることはもはやできなくなっていると言えるでしょう。

そのためには、強制的に天引きされる厚生年金や国民年金のほかに、勤め先の企業年金や任意の積み立て型個人年金、じぶん年金としての確定拠出年金を始めたりすることも一考に値します。

## リタイアメントをどう楽しく過ごすか

年金がいくらもらえるのか、夢中で働いているうちは気にならないかもしれませんが、少子高齢化でこれからの世代の人たちは、十分な年金をもらえないとか、現在の高齢者世代は潤沢(じゅんたく)な年金をもらいすぎているとかメディアが取り上げると、誰しも将来を不安に思っても不思議ではありません。

年金はどこの国でも、現在受給している世代の年金の原資は、現在仕事をしている世代が社会保険料として納めている年金保険料が充当される仕組みです。世代間の移転によるシステムがとられます。

フランスへ何度か調査で訪れたことがありますが、フランスではとくに公務員の年金が優遇されていて、辞めるころの最後の半年間の平均月収の75％の年金額が退職後にもらえるというシステムが長くとられていました。ですから、生活水準が現役時代とそれほど変わらない暮らしができたわけです。その分、税金は高いと言えますが。

その優遇を改善するための法案が何度か提案されても、公務員は全従業者の25％を占めるので、政治的にも影響力が大きく、簡単には制度改革は行なわれてきませんでした。

日本が、少子高齢化によって年金制度を今のまま維持できるかといえば、現在のように保険料の負担者の資金を年金受給者にスライドしていくやり方では資金不足は目に見えています。年金受給額に上限を定めたり、いずれは受給年齢を引き上げたりするなど、抜本的な改革を実現させようと検討が進んでいるところです。

そうした背景もあって、最近は自助努力で将来の年金額を確保するという考え方も主流になりつつあります。十分もらえることがなくなっていくであろう年金を補充するものとして、自助努力によって積み立てていくことが推奨されるようになってきました。

## 「じぶん年金」の作り方

毎月どのくらいの金額を積み立てておくと、将来退職したのちに、一人月5万円プラスして受け取れるのか、あるいは月10万プラス（二人分）して受け取ることができるのでしょうか。

国立社会保障・人口問題研究所の予測では、２０５０年の日本人の平均寿命は男性で84歳、女性で90歳としています。30歳から積み立てを始めて60歳までとし、完全退職年齢を65歳として考えてみましょう。ここでは90歳まで25年間受け取ると仮定します。

すると、以下のようになります。

毎月受け取り額5万円を25年間分ですから、65歳時点で必要な資金は、

5万円×12カ月×25年＝１５００万円

これを30年間で積み立てるには、運用利率を3％として毎月積立額は、2万５７４１円となります。実際の積立額の合計は７７２万２３００円ですから、ちょうど30年で倍になる計算です。

もし毎月受け取り額を2倍の10万円にするには、65歳での必要資金は３０００万円にな

りますから、同様に計算すると、毎月の積立額は５万１４８１円となります。

実際には運用益がさらに大きくなることもあり、小さくなることもありえますが、メディアにおけるＦＰの記事などでは５％で立てるケースが多いので、本書では手数料なども考慮し、さしあたり３％としてみました。

また、60歳で積み立てを終えた時点で、すぐに現金化することもないでしょうから、定期預金や短期の債券、改めて安全性の高い投資信託商品などの利用により、受け取り額を予定より少々増やすことも可能でしょう。なお数値はネットで「積み立て目標額シミュレーション」などが利用できるので試してみてください。

いかがでしょうか。毎月のことですから無理なくが大原則。若いうちから積み立てれば、いかに負担が小さくて済むかということがよくわかります。

いずれにしても、“the sooner, the better.”（早ければ早いほどよい）であって、時間がお金を稼いでくれるということですね。

## どれだけ年金の原資を天引きされているか

では、今働いている人はどれだけの金額を年金保険料として支払っているのでしょうか。

厚生労働省が定める厚生年金保険料率（年金負担率）は、民間企業も公務員も現在は共通で、以下のような状況です。ここでは、標準報酬月額（ボーナスを入れて12で割った額）を24万円とした場合で示します。

雇用者負担率　９・１５％（16年8月までは８・９１４％、17年8月までは９・０９１％）

被雇用者負担率　９・１５％（右と同様）

そうすると、24万円×９・１５％＝２万１９６０円となります。これはあくまで概算ですので、実際には誤差があります。給与が増えれば、当然に増えた給与に応じて料率を掛けるので、毎月の保険料は上がります。

## 年金はいくらもらえるのか

少子高齢化が急速に進行する一方で平均寿命も延び、国の年金会計は悪化してきています。そのため、年金支給額も年々徐々に低めに抑えられるような改正が進んでいることも

図表8-1　二人以上世帯の月平均支出額（2015）
（高齢無職世帯、総務省家計調査報告より）

| 世帯主年齢 | 65〜69歳 | 70〜74歳 | 75歳〜 |
|---|---|---|---|
| 消費支出 | 275,872円 | 248,122円 | 227,266円 |
| 社会保障給付 | 182,687円 | 181,257円 | 185,942円 |

確かです。

厚生労働省が２０１５年1月に発表した新規裁定者（67歳以下）の平均的世帯（会社員の夫と専業主婦の家庭）の年金額は、厚生年金（夫婦二人分の老齢基礎年金を含む標準的な金額）で、月額22万１５０７円となっています。一方、自営業者など国民年金の受給者の場合は、月額６万５００８円（一人分、満額）となっています。

年金が受給できるための要件は、年金保険料を25年以上納めることが必要です。また、支給開始年齢は60歳から徐々に段階的に引き上げられ、現在のスケジュールでは２０２６年以降は65歳からとなっています（２０１５年10月に国民年金の受給要件が緩和され、加入期間は10年以上と短縮されました）。

生命保険文化センターの調査（「生活保障に関する調査」平成25年度）では、夫婦二人で過ごすための最低日常生活費の平均額は22万円、ゆとりあるセカンドライフの生活費は35・4万円と回答しています。

## ねんきんネットの利用法

自分の年金がこれまでにどれだけ給料から差し引かれているのか、今後勤め続けたとして、退職後にいったいどれくらいの年金がもらえるのかといった情報を的確につかめる便利なツールに、**日本年金機構**の**ねんきんネット**というものがあります。

スマホやパソコンで、ねんきんネットを検索してみてください。まずは利用の登録が必要です。登録はネット上でできますが、まず必要事項を入力してＩＤとパスワードを発行してもらいます。ＩＤ、パスワードはネットで申し込むと１週間ほどで住所地に郵送されてきます。

ねんきんネットでは働き続けた場合に受け取れる公的年金の見込み額や、定年後の働き方を条件に応じてシミュレーションをすることも可能になっています。とくに、学生時代の国民年金の猶予をあとから払い込んだ記録が反映されているかなど、確認もできますし、転職の経験を持つ方は、それぞれの会社での加入記録が適正かどうか確認もできるので、ぜひ登録をお勧めします。

## 確定拠出年金とは

確定拠出年金とは、個人が毎月積み立てる資金を自分の判断で運用し、運用次第では年金額が変わるもので、従来の年金のように事業者側にその運用を任せるスタイルとまったく異なるものです。アメリカで４０１（k）として知られていた確定拠出型年金で、２００１年に初めて日本にも導入され、今日では2万社以上が導入しているとの報道もありました。

個人にとっては運用先をどうするか判断する必要がある一方で、自分自身の積立額が明確なので、転職した場合も引き続いて自身の年金を継続することが可能です。持ち運びができる意味でポータビリティの高い年金制度と言われています。

確定拠出年金は加入する個人の判断で資産運用を行なうので、積立額が同じでも、運用実績によって将来の受取額は異なってくるものです。選択が可能な金融商品としては、預貯金、公社債、投資信託、株式、保険商品などがあります。

運営管理機関は性格の異なる3種類以上の金融商品を選択の対象として用意する必要があります。その一つには、預貯金のような安全性の高い元本確保型のものを組み込むこと

図表 8-2　確定給付型年金と確定拠出型年金

| | 掛け金の負担者 | 運用者 | 運用リスク負担者 | 受取年金額 |
|---|---|---|---|---|
| 確定給付（従来型） | 企業 | 企業 | 企業 | 一定額確保 |
| 企業型確定拠出 | 企業 | 加入者 | 加入者 | 運用で変動 |
| 個人型確定拠出 | 個人 | 加入者 | 加入者 | 運用で変動 |

が定められています。加入者はそれらの組み合わせを、加入期間の途中で変更することもできます。年金の受け取り開始年齢は満60歳です。掛け金の上限は月額2万7500円です。企業年金型にない場合の上限は5万5000円となっています。

上の表は、従来の確定給付型年金（厚生年金等）と確定拠出型年金の違いをわかりやすく整理したものです。個人型確定拠出年金は企業年金に加入していないサラリーマンや自営業者（国民年金第1号被保険者）を対象にスタートしたものです。

**老後の住まいを考える**

子どもたちと共に居住し暮らしていた住まいも、やがて子どもたちが独立し夫婦だけの生活になると、空間として広すぎて掃除の手間や無駄も多くなってきがちです。筆者の知り合いも、一戸建ての住居を売却され、二人の生活に十分でかつ交通にも便利な、駅近のマンションに移られました。

おそらくは、その売却資金の余剰をセカンドライフの資金の一部にされたのではないでしょうか。一戸建ては、戸締りでもあちこち鍵を確認したり手間ですが、その点マンションは鍵一つの出入りですから、たいへん楽で安心のようです。

ある方は退職を機に、住み慣れた首都圏近郊の一戸建てを売却して、お母様の住む地方都市の実家に近い賃貸マンションに転居されました。思い切った決断だったと思います。お母様はお元気で過ごされているということでした。今後のさまざまな費用を考えたうえでの判断でしょう。

人生90年時代のロングスパンで考えてみれば、生活のサイズに合わせ、また居住性のよさや利便性、環境など生活のスタイルに相応(ふさわ)しい空間を適時適所に求めて移動していくことも一つの考え方と思われます。一方で、住まいは一生のものと信じ、定住することで得られる利便や人間関係など簡単に得難いものは多くあり、大切にわが家を使って次世代へ引き継いでもらおうと考える人も多いでしょう。

最近は老後の住まいとして、**高齢者専用賃貸住宅**（高専賃）なども人気があるようです。高齢者や障害者の方が安心して暮らせるように、地方公共団体と連携して民間事業者が設置・運営するものでケア付きで自立者から軽度の要介護者まで入居できるものです。

しかし、保証金が高額であることや家賃も高く、収入の高い限られた人しか入居できず、また連帯保証人が求められるデメリットがあります。一般の賃貸住宅では、単身の高齢者は他の入居者との関係や火災や事故などに対する安全確保の観点から、契約を断られるケースも少なくないという現実もあります。一方で、不動産業者によっては、高齢者の入居可能賃貸物件を紹介しているところもみられます。

知っておきたいことは、住み替えるときの費用です。一戸建て、マンションにかかわらず、持ち家から持ち家に住み替える場合は、もし売却額と購入額の差額で利益が出たとしても、一定の譲渡所得における特別控除が受けられて税金が減額されますが、売却しただけで購入がない場合は、譲渡所得課税に関する買い替え特例による減免はありません。

基本的に利益（売却益）がなければ課税はありません。しかし、売却益があっても、保有期間にかかわらず譲渡所得が３０００万円以下であれば課税されることはありません。

## 親の介護にかかる費用

ある年代になれば、老親の介護も必要になってくるのは当然でしょう。親自身に年金収入があっても、それで十分な老後の費用を賄(まかな)える人は多くはありません。世間では老老介護が社会問題化しています。２０００年には**介護保険法**が施行されて、**介護保険制度**がスタートし、40歳以上の人はあまねく介護保険料を納付するようになりました。

介護保険制度は介護の必要度に応じて、一定の介護サービス料を国が補助するものです。介護認定はおおむね図表８－３のような基準で行なわれます（支給限度額は在宅介護で受けられるサービスの最高限度額／月額です）。

親の介護の費用を考えるとき、同居か別居か、また別居でも施設か遠隔地の実家など個々の事情で異なるので一概に金額を示すことは難しいですが、一般的に介護認定を受け、上記の有料サービスを受けながらも、実際に必要となる金額は平均して毎月４万円程度はかかると言われています（生命保険文化センター資料による）。

介護保険のサービスの利用料は1割負担ですが、介護保険サービス以外のサービスの利用料は全額負担となります。また、平均的な介護期間は約5年間とされているので、親の介護に３００万ほどの資金が必要になると考えておくとよいでしょう。さらに、遠隔地の

### 図表8-3　介護保険制度による給付

| | | 身体の状態の目安 | 支給限度額 |
|---|---|---|---|
| 要支援1 | 日常生活で支援が必要 | 生活機能の一部に若干の低下が見られ、介護予防サービスを利用すれば改善が見込まれる状態 | 50,030 |
| 要支援2 | 日常生活で支援が必要 | 生活機能の一部に低下が見られ、介護予防サービスを利用すれば改善が見込まれる状態 | 104,730 |
| 要介護1 | 部分的な介護が必要 | 日常生活のうち、歩行等の部分的な介護が必要な状態 | 166,920 |
| 要介護2 | 軽度の介護が必要 | 日常生活のうち、歩行・排泄・食事等の部分的な介護が必要な状態 | 196,160 |
| 要介護3 | 中程度の介護が必要 | 日常生活においてほぼ全面的な介護が必要な状態 | 269,310 |
| 要介護4 | 重度の介護が必要 | 日常生活は、介護がないとほぼ難しい状態 | 308,060 |
| 要介護5 | 最重度の介護が必要 | 日常生活は、介護がないと営むことができない状態 | 360,650 |

実家の親の元へ帰省して様子を見に行くとなれば、往復の交通費も考慮することも忘れてはなりません。

**介護施設にはどんなものがあるのか**

介護施設と一口に言っても、介護保険が利用できる介護保険施設と介護保険が使えない施設があります。さまざまな施設がありますが、ここでは名称だけにとどめます。

**介護保険が使える施設**

| 在宅介護型施設 | 入所介護型施設 |
|---|---|
| 訪問看護ステーション | グループホーム |
| 通所介護（デイサービスセンター） | 介護老人保健施設（老健施設） |
| 通所リハビリ施設（デイケアセンター） | 介護老人福祉施設（特別養護老人ホーム） |
| 短期入所療養介護（ショートケア） | 介護療養型医療施設 |
| 短期入所生活介護（ショートステイ） | |

## 介護保険が使えない施設

養護老人ホーム
軽費老人ホームB型
軽費老人ホームC型（ケアハウス）
有料老人ホーム（民間）

全国的にもっとも数の多い**有料老人ホーム**は、介護保険制度の下では、在宅サービスの一つである**特定施設入居者生活介護**として位置付けられ、それぞれの事業ごとに都道府県等による指定を受けてサービスを提供しています。したがって、在宅で行なわれる身体介護や家事支援サービスである「訪問介護」や、「訪問入浴介護」、「訪問看護」、「訪問リハビリテーション」などが介護認定を受けた入居者に適用されています。

### 施設介護の費用はどれだけかかる？

有料老人ホームにも、さまざまなタイプがあります。もっとも低額（所得基準がある）で入居可能な**特別養護老人ホーム**から、サービスの充実した高額な老人ホームまでありま す。

特別養護老人ホームは社会福祉法人や地方自治体などにより運営される公的な施設です。所得や介護度の高さに応じて入居が優先されます。個室がないなどのデメリットも指摘されるものの、各自治体とも入居待ちの高齢者が多数いるという現実があります。

民間の有料老人ホームは多様であり、入居一時金のシステムや毎月の費用もまちまちです。何千万円もの入居金を必要とする高級なものもあります。平均的費用は公式なデータが見当たりませんが、毎月20万前後といったところでしょう（これも入居時の一時金を多額に積む場合は安くなります）。この費用を本人の年金だけで賄うというのは、とても難しいので、結局負担の少ないところを探すことになりますが、待機人数が多く、在宅にならざるを得ないという状況も問題となっています。

ですから、今後は必要費用を自らの人生設計として、ライフプランニングの中に組み込むとすれば、一人の場合、現在価格で平均20万円程度、二人の場合で35万円程度の費用が毎月かかると考えたほうがよさそうです。

仮に10年間、施設介護のお世話になるとして、夫婦で入居の場合の必要資金は年金を差し引いても、1000万円から1500万円くらい必要になる覚悟をしておいたほうがよいのではないでしょうか。子どもに負担をかけないためにも、心の準備は欠かせないでしょう。

世話になった親の介護は自宅でしたいし、そのほうがきっと親自身も喜んでくれると考える人も世の中には多いでしょう。在宅介護は、訪問介護サービスなどを受けつつも、24時間体制で親の傍(かたわ)らで過ごすことになり、相当なエネルギーと覚悟が必要なものです。

なかには、長男の当然の役割との信念で、会社を退職し、長い介護生活のなかで、親の年金のみ頼りの生活となって、看取ったときには収入がなくなって路頭にまよい、生活困窮者となってしまう例も報道されています。現代はさまざまな支援のシステムもあり、市区役所の窓口などでの一日も早い相談が大切です。

**豊かなセカンドライフのために知っておきたい「リバースモーゲージ」**

住宅ローンはマンションなどの購入の際に、その自宅を担保にして金融機関から融資を受けるものです。マンションの評価額の範囲内でローンを組むことになりますが、万一返済ができなくなったときは、自宅を売却して返済するというもので、法的には金融機関が自宅不動産を担保として抵当権を設定することになります。

反対に、すでにローンも終えて、１００％所有権を得ている自宅不動産（原則戸建て住宅）を担保にして、年金のように毎年一定の金額を金融機関から受け取ることができる仕組みを**リバースモーゲージ**と呼びます。言うなれば、リバース（反対の）モーゲージ（担保）というものです。生活資金には不足するけれども、自宅資産を所有している場合に活用できるものとして、知られるようになってきました。

65歳から79歳の人であれば、住み慣れた自宅を手放すことなく、ゆとりある生活資金のために、一定額の枠を設定したうえで自宅を担保に融資を受けられるものとして登場したものです。

借入れではありますが、融資を受けた本人が死亡した時点まで返済の要はなく、死亡時点で、自宅を売却することにより借入金の返済が行なわれ、残額がある場合には、相続人が受け取るという方式です。一般には、相続のトラブルを避けるために、遺言信託（遺言の執行人を信託銀行と指定する）を併用して資産の管理を金融機関に委ねることが多いようです。

## 高齢者は狙われている

一方で、一人暮らしの高齢者はお金を持っていることも多いため、最近は独居高齢者を狙った特殊詐欺事件が多発しています。振り込め詐欺、還付金詐欺といった悪質なものから、投資型（むしろ投機型）の金融商品の購入を勧誘する手合いが広がっているようです。

未公開株や社債、投資ファンドの被害も増加しています。「上場の予定があり、必ず儲かります」「高利回りで元本も保証します」といった巧みな言葉に騙されないことが肝要です。

投資ファンドは複数の投資家から資金を集めて、その調達した資金によって事業や資産運用を行なうことで得た利益を投資家に分配するものです。これらは行政上の届け出の義務があり、監督を受けていますが、中には、監督を受けていると偽って詐欺的な勧誘をする悪質業者も後を絶ちません。

十分な内容の説明を受けたうえで、不審な点は行政庁に再確認するなどの慎重さが必要でしょう。

かつて**豊田商事事件**という、独居高齢者を集中的に狙った詐欺事件があり、全国に被害が拡大して社会問題になりました。勧誘員は何度も高齢者宅を訪れて親しげに話をし、徐々に金の購入話を持ち掛けていきました。

インフレは進み、老後の安定資産の確保は、価値の不変な金がもっとも安全として、購入を勧めます。しかも、金の保管場所に困るでしょうから、本社金庫で預かるとして、金の預り証を渡して、その見返りに購入価格の年利10％の金利を口座に振り込むというものでした（金のペーパー商法と呼ばれました）。

数百万から数千万と個人から集めた資金は巨額となり、その利払いのために顧客を増やすという悪循環の中でその詐欺的な商法が社会問題化し、やがては経営破綻をしました。

高齢者、なかでも一人暮らしの高齢者に対し、消費者行政や警察がさまざまな手段で、騙されないようにと注意を呼び掛けていますが、詐欺的商法や振り込め詐欺のような詐取行為は年々拡大し続けています。

これは高齢者が高額な現金や預金を蓄えている証拠でもあります。何かあったらいけないと、高齢者がずっと持ち続けた資産を奪って路頭に迷わせる行為は許せませんが、それだけ高額な資産を保有していないと不安が拭えないという社会の在り方にも問題があるでしょう。

もしものときには、前述しましたが、自治体共通の**消費生活相談窓口**である**１８８**に電話して相談したり、おかしいと思う情報に気づいたら、積極的に情報提供していくことも大切です。

消費者ホットライン（消費者相談・消費者庁）188
金融サービス利用者相談室（金融庁）0570・016・811

# おわりに——人生を考える道具

これまで、ライフプランニングの中におけるさまざまな金融サービスの利用や問題点を考えてきました。

人生は長いようでもあり短いようでもありますが、はっきりしていることは一人に1回しかないということです。その人生をより豊かに過ごしていくために、お金の使い方、貯め方、殖やし方、そして留意したいリスクの管理法などを身につけることは大切です。それができているか否かで、世の中の見え方も違ってくるはずです。

いざというときに冷静に考えられる人と、慌(あわ)ててしまってどうしたらよいか不安のうちに意思決定をしなければならない人では、その後の結果に大きな違いがあるのではないでしょうか。

今の時代、さすがにお金の話はタブーであるとか、株で儲けるのは卑(いや)しいことだと考える人はほとんどいないでしょうが、つい最近までそうした考えや価値観の人は少なくはなかったでしょう。

本書は、「お金儲けの知恵」を身につけて、順風満帆(じゅんぷうまんぱん)に日々を送れるよう奨励(しょうれい)するものではけっしてありません。波風もなく人生を歩んでも面白くないですし、予想しない出来事が身の回りに起きて、その難局を乗り越えるために、知恵を絞りだし家族や周りの人の協力も得て乗り越えていくことこそ、人生の醍醐味でもあります。

本書は、不確実な将来に予想される金融上のニーズや困難に、適切に対応できる力を磨いておくことで、問題の本質を見極めたり、落ち着いて困難を克服できるよう、日頃から金融スキルを身につける訓練をしておくことの重要性を指摘したものです。

無駄に保険をかけている人は、定期的に保険を見直しする人に比べて、金銭的損失を生じているということが言えます。余剰資金がありながら、金利の低い預貯金だけに資金を預けている人は、時に株式や債券、投資信託を利用して運用を図る人に比べ、自身の新たな可能性を閉ざすことになるかもしれません。

最後に、これから、なにか始めてみようという人には、以下のことをお勧めしたいと思います。

・**だれでもできる超簡単マネー管理法**

1 マネーノートを新調する
2 支払いをしたら必ずレシートを受け取る
3 スマホやノートに記録したら保管袋に投げ込む（せめて月毎にまとめておきたい）
4 クレジットカードの利用状況をウェブで毎月2回はチェックする（登録必要）
5 給与明細や源泉徴収票は確実に保管する
6 貯蓄がどれだけあるか、最低2カ月に1回は確認する（通帳でもネットでもよい）
7 自分の加入している保険を知っておく
8 半期に1回は収支を確認すると同時に、次の半期の支出の見通しを考えてノートに書き留める
9 新聞やネットからニュースに目を通し、経済や社会、世界の動きをつねに肌で感じる
10 困ったら一人で悩み込まず、信頼できる誰か（人・機関）に相談する

本書の校正中に、家計が保有する預金や株式などの金融資産が前年に比べて1・7％増加した、と日銀が発表しました。消費を抑え貯蓄や投資に回した結果でしょう。前年比では、投信で4・1％、株式等で2・9％とそれぞれ増加したとありました。私たち家計も将来を見据え、ライフプランをさまざまに考え、多様な選択をしている証拠でしょう。

本書はリテラシーに徹したので、マネーマネジメントのほんの輪郭を示したにすぎないものです。さらに、家計管理やリスクマネジメントの専門書で、理解を深めていただくことをお勧めします。

結びにあたり、大学での講座開設をご支援くださったVISAワールドワイド・ジャパン広報部長である濱田昌子氏、また、今回の執筆ならびに編集のお世話を頂きました祥伝社書籍編集部デスクの高田秀樹氏に心より御礼申し上げます。

西村　隆男

2016年3月

切りとり線

## ★読者のみなさまにお願い

この本をお読みになって、どんな感想をお持ちでしょうか。祥伝社のホームページから書評をお送りいただけたら、ありがたく存じます。今後の企画の参考にさせていただきます。また、次ページの原稿用紙を切り取り、左記まで郵送していただいても結構です。

お寄せいただいた書評は、ご了解のうえ新聞・雑誌などを通じて紹介させていただくこともあります。採用の場合は、特製図書カードを差しあげます。

なお、ご記入いただいたお名前、ご住所、ご連絡先等は、書評紹介の事前了解、謝礼のお届け以外の目的で利用することはありません。また、それらの情報を6カ月を越えて保管することもありません。

〒101‐8701（お手紙は郵便番号だけで届きます）
祥伝社新書編集部
電話03（3265）2310
祥伝社ホームページ　http://www.shodensha.co.jp/bookreview/

**★本書の購入動機**（新聞名か雑誌名、あるいは○をつけてください）

| | | | | | |
|---|---|---|---|---|---|
| ＿＿＿＿新聞の広告を見て | ＿＿＿＿誌の広告を見て | ＿＿＿＿新聞の書評を見て | ＿＿＿＿誌の書評を見て | 書店で見かけて | 知人のすすめで |

★100字書評……社会人なら知っておきたい金融リテラシー

名前

住所

年齢

職業

西村隆男　にしむら・たかお

横浜国立大学 教育人間科学部教授。1951年生まれ。埼玉大学経済学部卒業。博士（経済学）。公立高校教員、(財)消費者教育支援センター主任研究員、アイオワ州立大学客員研究員等を経て現職。金融教育、消費者教育、パーソナルファイナンスなどが専門。消費者教育推進会議会長、金融経済教育推進会議委員、金融広報中央委員会委員。著書に『クレジットカウンセリング―多重債務者の生活再建と消費者教育―』(東洋経済新報社)、『日本の消費者教育』(有斐閣)、『子どもにおこづかいをあげよう！』（監修、主婦の友社）など。

**社会人なら知っておきたい金融リテラシー**

**西村隆男**

2016年５月10日　初版第１刷発行

発行者……………辻 浩明
発行所……………祥伝社しょうでんしゃ
〒101-8701　東京都千代田区神田神保町3-3
電話　03(3265)2081(販売部)
電話　03(3265)2310(編集部)
電話　03(3265)3622(業務部)
ホームページ　http://www.shodensha.co.jp/
装丁者……………盛川和洋
印刷所……………堀内印刷
製本所……………ナショナル製本


Printed in Japan　ISBN978-4-396-11465-7　C0233

# 〈祥伝社新書〉
# 経済を知る

402
**大学生に語る資本主義の200年**
マルクス思想の専門家が「資本主義の正体」をさまざまな視点から解き明かす
神奈川大学教授 **的場昭弘**（まとばあきひろ）

151
**ヒトラーの経済政策** 世界恐慌からの奇跡的な復興
有給休暇、がん検診、禁煙運動、食の安全、公務員の天下り禁止……
ノンフィクション作家 **武田知弘**

343
**なぜ、バブルは繰り返されるか？**
バブル形成と崩壊のメカニズムを経済予測の専門家がわかりやすく解説
久留米大学教授 **塚崎公義**

390
**退職金貧乏** 定年後の「お金」の話
長生きとインフレに備える。すぐに始められる「運用マニュアル」つき！
**塚崎公義**

371
**空き家問題** 1000万戸の衝撃
毎年20万戸ずつ増加し、二〇二〇年には1000万戸に達する！ 日本の未来は？
不動産コンサルタント **牧野知弘**